DES ALIGNEMENTS

ET PERMISSIONS

DE VOIRIE URBAINE.

PARIS. — IMPRIMERIE DE TAIN, RUE RACINE, 4.

DES ALIGNEMENTS

ET PERMISSIONS

DE

VOIRIE URBAINE

ET DES

RÉFÉRÉS LÉGISLATIFS

A INTRODUIRE SUR CETTE MATIÈRE.

DISSERTATION

Suivie d'un *Mémoire* présenté aux chambres réunies de la cour de Cassation, et des
Résultats comparés
De la jurisprudence de cette cour et de celle du conseil sur les mêmes
QUESTIONS DE VOIRIE.

Par M. Cotelle,

Avocat aux conseils du Roi et à la cour de Cassation

PARIS,

CARILIAN-GOEURY, LIBRAIRE-ÉDITEUR,

QUAI DES AUGUSTINS, 41.

ET ALEX-GOBELET, LIBRAIRE,

PLACE DU PANTHÉON, 4.

1837.

DES PERMISSIONS

EN MATIÈRE

DE VOIRIE URBAINE

ET DES

TRAVAUX NON CONFORTATIFS.

QUESTION SOUMISE

AUX CHAMBRES RÉUNIES DE LA COUR DE CASSATION.

AUDIENCE DU **25 JUIN.**

M. LE CONSEILLER **RUPÉROU**, *rapporteur*,

M. LE PROCUREUR GÉNÉRAL *portant la parole.*

1856.

DES PERMISSIONS
EN MATIÈRE DE VOIRIE URBAINE
ET DES
TRAVAUX NON CONFORTATIFS.

EXAMEN DES POUVOIRS RESPECTIFS DE L'AUTORITÉ MUNICIPALE
ET DES TRIBUNAUX DE SIMPLE POLICE, POUR LA CONSERVATION
OU LA SUPPRESSION DES TRAVAUX FAITS SANS AUTORISATION,
MAIS QUI NE CONSOLIDENT PAS LE MUR SUJET A RECUL.

Si certains travaux ont été faits à la façade d'une maison, sans permission préalable, mais qu'ils n'aient pas été défendus par un arrêté spécial du maire, portant refus de permission, le procès-verbal de simple contravention et la réquisition du ministère public, tendant à ce que la démolition de ces ouvrages soit prononcée, imposent-ils aux tribunaux de police la nécessité d'y condamner le contrevenant, encore que, d'après le procès-verbal même, les travaux ne soient pas confortatifs ?

En se renfermant dans l'espèce de notre question, la négative va être établie: Mais il faut poser les faits pour lesquels cette opinion nous paraît devoir être adoptée définitivement par la cour suprême.

Le sieur Kœchlin Dolfus, manufacturier à Mulhouse, possède en cette ville un bâtiment ouvrant sur sa cour, et dont un mur borde le cours de la rivière de *Sinne*. Il veut pratiquer dans ce mur six ouvertures en forme de meurtrières, de 16 centimètres de largeur sur 80 de hauteur, afin de donner du jour à son magasin.

Il demande une permission à M. le maire, mais il n'en obtient pas de réponse. Des gens de loi lui ouvrent alors l'avis que ces ouvrages n'étant pas confortatifs de leur nature, il peut les faire sans la permission de la mairie. Ce manufacturier agit en conséquence.

Delà procès-verbal et citation devant le tribunal de police du canton de Mulhouse. Ce tribunal partage l'opinion des jurisconsultes du lieu, et déclarant que les travaux dont il s'agit, au lieu de consolider le mur, ne peuvent qu'en diminuer la solidité, il renvoie le sieur Kœchlin de la plainte, sans amende ni dépens.

Pourvoi en cassation de la part du commissaire de police de Mulhouse. Le jugement est annulé par arrêt du 25 août dernier, et les parties sont renvoyées devant M. le juge de paix du canton d'Altkirch. Ce magistrat condamne le délinquant à l'amende et aux frais; mais il déclare que les travaux en question n'étant pas *conforta-tifs*, il n'y a pas lieu d'en ordonner la démolition, quoiqu'ils aient été faits *sans permission*.

Nouveau pourvoi. La question est soumise en ce moment aux chambres réunies de la cour suprême.

En matière pénale ordinaire, un délit renferme deux griefs, l'un fait *à la loi* et à la société en général, l'autre *à des intérêts matériels*, publics ou privés.

Les tribunaux de répression sont appelés à apprécier ces deux sortes de dommages, par la connexité que la loi établit, en matière de poursuites, entre l'action publique et l'action civile. Ils doivent appliquer en même temps les *peines* d'amende ou d'emprisonnement, qui satisfont à la vindicte publique, et les *réparations* et *dommages-intérêts* qui indemnisent la partie lésée du préjud ce réel qu'elle aura souffert.

En matière de voirie urbaine, c'est un dogme jusqu'ici consacré par les arrêts de la chambre criminelle de la cour de cassation, que les tribunaux de simple police doivent faire droit aux *procès-verbaux* et *réquisitions*, concernant la démolition des travaux faits sans permission, et qu'il ne leur appartient pas de distinguer s'ils sont ou non *confortatifs*.

Mais cette jurisprudence, consacrée par de nombreux arrêts, nous semble porter bien loin la rigueur du principe de séparation entre les pouvoirs des maires et ceux des tribunaux de police.

De plus, cette raison de décider nous semblerait la seule plausible, mais aucun arrêt de la cour ne l'établit nettement, et de manière à faire voir aux justiciables que du moins il leur reste encore une voie de réformation contre les réquisitions de l'autorité municipale, dont les tribunaux de police seraient réduits à ne connaître que par forme de *visa* et de *pareatis*.

Au surplus, ce principe de compétence, qui formerait, selon nous, la seule raison de décider, et qui n'est jusqu'ici développé dans aucun ouvrage de jurisprudence, non plus que dans aucun arrêt, non semble en dehors de l'espèce actuelle.

Il y a peut-être des nuances assez fortes, qu'il est important d'observer, entre les *alignements* et les simples *permissions*, entre les *constructions et reconstructions* et les simples changements *non confortatifs*, et pourquoi la variété des faits n'aurait-elle aucune influence sur les jugements de simple police ? C'est cette diversité des résultats que nous nous proposons de légitimer ici, en appréciant la nature même des choses, les anciens règlements, l'esprit général de nos lois, et enfin le besoin de rétablir l'harmonie entre l'administration et la justice; la jurisprudence de la cour et celle du conseil d'état, l'autorité municipale et les justices de paix.

§ 1er. *Éléments de la question, nature des choses.*

En matière de voirie, le pouvoir de *réglementer* appartient essentiellement à l'autorité administrative à l'exclusion du pouvoir judiciaire. Ce principe est hors de controverse. Mais qu'est-ce que *réglementer?* C'est admettre des règles fondées sur des considérations de bien général, sur de certaines convenances, sur des améliorations à opérer dans des intérêts publics. L'appréciation de ces choses est essentiellement *discrétionnaire.* Telle est la matière des alignements généraux ou partiels. En cela, les tribunaux ne peuvent rien, et ne doivent ni *entraver* ni *suppléer* les actes de la police locale.

Mais si un propriétaire demande la permission de faire des travaux dans un mur de face qui est sujet à reculement, en quoi consiste le droit de voirie? C'est uniquement à défendre des ouvrages qui seraient susceptibles de prolonger la durée du mur. Si le propriétaire a demandé cette permission, et qu'elle soit refusée formellement, il y a là, sans aucun doute, un *acte administratif*, dont la réformation ne peut être demandée qu'à l'autorité supérieure dans l'ordre administratif.

Mais si, au contraire, ces travaux ont été faits simplement sans permission; si l'autorité municipale, ayant fait constater la contravention, demande que le délinquant soit condamné à les supprimer, et à remettre les choses au même état que devant, le tribunal de police doit-il prononcer ainsi par forme de *visa* de la réquisition, et sans connaissance de cause?

La différence entre la *défense* et le *défaut de permission* est immense. Dans le premier cas, il y a un arrêté de l'administration que le tribunal ne peut modifier ; dans le second cas, il n'y a que le *procès-verbal* de contravention et la *réquisition*. Or, en matière de voirie, le procès-verbal ne fait que constater les faits, comme en toute autre matière pénale, et encore ici sauf la preuve contraire. La réquisition ne peut qu'établir la *prétention* de la partie publique, afin que le juge tire les conséquences légales des faits qui seront établis et constants.

Le procès-verbal et la réquisition sont des actes de l'administration locale, mais non pas des actes administratifs proprement dits ; l'administration les fait comme *police répressive*, et non pas comme autorité *réglementaire*.

A la vérité il n'y a aucune différence entre le fait de bâtir en contrevenant à un alignement donné, et le fait de bâtir *sans alignement ;* car le tribunal de police ne peut, en aucun cas, *suppléer* l'alignement, qui ne peut être donné que par l'autorité municipale.

Mais n'y a-t-il pas une bien grande différence entre la délivrance d'un *alignement* et l'appréciation du fait de *consolidation ?*

La délivrance des alignements a lieu en vue de la rectification, de l'élargissement, de l'embellissement des rues et places des villes. C'est un acte essentiellement administratif. Le fait de consolidation s'apprécie d'après les règles fixes de l'art, et d'après les connaissances d'experts qui peuvent être interrogés par les tribunaux de police aussi bien que par l'autorité administrative.

Sans doute on peut objecter encore que les *permissions* doivent être demandées à l'autorité municipale aussi bien que les *alignements ;* que de maintenir une bâtisse faite sans permission, ce serait aussi bien suppléer un acte administratif que de maintenir des ouvrages qui auraient été faits *en dehors de l'alignement.*

Cependant, on conçoit le préjudice qui sera fait à l'autorité administrative, dans un cas où elle use d'un pouvoir *discrétionnaire ;* mais pour un cas où son autorité est soumise à des règles aussi fixes que les signes auxquels on distingue si des travaux seront ou non *confortatifs ;* pour un cas où il s'agit d'apprécier des faits matériels, le droit naturel, c'est de conserver les ouvrages qui ne préjudicient pas réellement au droit de voirie. En effet, il y a *nécessité* de les autoriser si ce caractère leur est reconnu.

A la vérité, si l'autorité administrative a jugé négativement par un refus formel, si sa juridiction s'est exercée sur le fait dont il s'agit, l'autorité judiciaire ne peut pas infirmer sa décision, elle ne peut qu'y prêter main-forte. Mais si l'administration n'a pas prononcé sur la nature des travaux ; si n'ayant pas été saisie de la demande, ou, s'étant abstenue, elle se borne à requérir des peines et des réparations ; si, de pouvoir, elle s'est réduite elle-même au rôle de partie publique, la qualification donnée aux faits dans un procès-verbal, admettant la preuve contraire, ne saurait mettre aucun obstacle à ce que le dommage allégué soit examiné par le juge de police ; pour qu'il condamne à des réparations et dommages, il faut qu'il apprécie les causes de la poursuite en fait et en droit, à moins qu'il ne s'agisse de prêter main-forte à l'exécution d'une décision inattaquable devant lui.

Ainsi donc, le caractère des travaux, sous le rapport de la consolidation, tombe par la nature des choses dans le domaine des faits dont les tribunaux de police peuvent connaître, une telle décision n'ayant en elle-même rien de discrétionnaire, rien d'essentiellement administratif, à la différence des alignements, soit généraux, soit partiels.

Au surplus, ne doit-on pas laisser aux tribunaux ordinaires toute la part d'autorité que des lois spéciales ne leur enlèvent pas ? Oui, sans doute. Or, nous allons démontrer que ni les anciens réglements de la voirie, ni les lois modernes, n'interdisent aux tribunaux de police de constater que les travaux faits sans permission ne consolident pas les murs de face, et ne leur imposent nullement d'en ordonner la suppression, même dans ce cas, tant qu'aucun arrêté n'a prescrit cette démolition; mais qu'au contraire on viole tous les principes en donnant à une simple *réquisition* le même effet qu'à un arrêté administratif.

§ 2. De l'édit de 1607. — *Ancienne jurisprudence en matière de voirie urbaine. — Jurisprudence du conseil d'état en matière de grande voirie.*

L'origine de l'institution de la voirie, en France, est fort ancienne. Si l'on remonte aux documents les plus antiques, on doit s'attendre que les règlements s'occuperont d'objets assez sensibles, assez matériels. En effet, leur objet a consisté, tout d'abord, à prévenir et à faire disparaître l'*encombrement* de la voie publique existante; puis on s'est occupé de fixer la ligne des constructions et de régler les saillies. L'empirisme de ces règles n'a été que l'ouvrage du temps; on n'a pas commencé par imposer aux propriétaires pour toute espèce de travaux à faire aux murs de face, l'obligation de se munir d'une permission préalable.

L'un des plus anciens règlements est celui que *Pierre de Saint-Amand*, voyer de Paris, a fait enregistrer à la cour des comptes en 1459. Son objet est parfaitement défini dans les dispositions que nous allons en extraire ici :

Art. 1er : « La voirie de Paris n'est pas une justice par soi et une garde, et ne touche de rien à la prévôté de Paris.

Art. 2 : » Le voyer de Paris, si est appelé voyer, pour ce qu'il doit *voir* et *regarder* que l'on fasse raison et mesure à la voirie et au Châtelet de Paris, si que *les chemins ne soient encombrés, ne que l'on n'y fasse nulle chose*, si ce n'est par les congés.

Art. 3 : » Le voyer de Paris si doit regardér que nul ne mène coing de rue, si ce n'est pas son congé, et doit regarder qu'il soit *mis en point* là où *la base est trouvée;* et le doivent, ou *maignie* (ce qui veut dire, soit le propriétaire, soit ses gens d'affaires ou serviteurs), mesurer et bailler la mesure au mur aux maçons, et porter l'autre chez le voyer, et si elle n'est au point où les sergents l'ont laissée, il leur convient ôter et amender au voyer.

Art. 4 : » Nul ne peut faire *saillie* à Paris sans le congé du voyer, et les doit le voyer mesurer, et les remettre en arrière au point où on les trouve ; *et qui autrement le fait, il doit amende au voyer.*

Art. 5 : » Nul ne peut remuer les vieilles saillies sans le congé du voyer, et les doit le voyer mesurer et remettre en arrière au point où on les trouve ; et qui autrement le fait, il doit amende au voyer. »

A la date du 11 septembre 1600, il existe une ordonnance de M. le prévôt de Paris, ou son lieutenant civil, pour la police générale et règlement de la voirie.

Il rappelle les ordonnances et les règlements de police qui ont été faits et donnés sur l'embellissement et décoration des bâtiments de la ville de Paris et fauxbourgs, *accroissement et ouverture des rues, chemins et voies publiques.* Depuis vingt-cinq et trente ans, dit-il, durant les derniers troubles, on s'est permis de faire des *entreprises* sur lesdites rues, places, chemins et voies d'icelle ville et fauxbourgs, soit en bâtiments de maisons, pahs de mur, échoppes, rétablissement ou confortation de saillies, avances, étalages et autres entreprises, et en telle sorte que lesdites rues, places, marchés et voies de cette dite ville et fauxbourgs, sont tellement *encombrés* et *empêchés* que le public n'y peut aucunement passer, aller ou venir, soit de jour ou de nuit, sans y recueillir de grandes incommodités, et bien souvent en advient de grands dangers et inconvénients.

Pour remédier à ces abus récents, l'ordonnance dispose en ces termes :

« Défenses sont faites et réitérées auxdits maçons, charpentiers, menuisiers, serruriers et autres ouvriers artisans, de ne faire à l'avenir *aucun bâtiment, pans de mur, jambes étrières ou autres édifices sur les rues, chemins et voies de ladite ville,* fauxbourgs et banlieues, sans avoir au préalable prit l'ALIGNEMENT dudit voyer ou son commis.

» Et quant aux alignements des encoignures des rues étant en dedans et au dehors de l'étendue desdits lieux ; ils seront pris par ledit voyer ou son commis, en présence de tous, et dudit procureur du roi, comme il a été de tout temps observé.

» Pareilles défenses sont faites auxdits maçons, charpentiers, menuisiers, serruriers et autres ouvriers, de n mettre, asseoir, maçonner et attacher au-devant des maisons AUCUNES AVANCES sortant hors-d'œuvre, ou ouvrant sur rue et voirie, depuis le rez-de-chaussée en amont, sans avoir aussi pris permission et alignement dudit voyer ou son commis, pour les hauteurs et saillies d'icelles.

» Comme aussi semblables défenses que dessus sont faites à tous les susdits maçons, charpentiers, menuisiers, et tous autres artisans, de n'innover aucune chose au-devant desdites maisons, et *autres lieux où il y a des saillies,* ou pans de bois, iceux réédifier, ne faire ouvrages en iceiles qui les puisse *réconforter, conserver ou soutenir, ni faire aucun encorbellement en avance,* pour porter aucun mur, pan de bois, *ou autre chose en saillie,* et porter à faux sur lesdites rues, ains le tout continuer à plomb depuis le rez-de-chaussée tout contre mont.

» Semblables défenses sont faites à tous les susdits ouvriers de n'excéder, n'outrepasser ès avances qu'ils feront sur la voirie, les hauteurs et longueurs portées et contenues par les permissions et alignements qui leur en seront BAILLIÉS PAR ÉCRIT par ledit voyer ou son commis, le tout à peine de 50 écus d'amende contre les contrevenants, et *de pouvoir, par ledit voyer ou sondit commis, abattre et démolir ce qui se trouve avoir été fait et entrepris contre et au préjudice de ce que dessus.* »

Ici, le prévôt de Paris confère au voyer la FACULTÉ de faire démolir ce qui aura été *bâti au préjudice de la voie publique.* Ce n'est pas une peine qu'il ajoute à l'amende ; il ne fait que réserver le droit de faire réparer le dommage qui aurait été causé au public, en éludant les règlements.

Enfin, le roi Henri IV ayant institué la charge de grand-voyer, qu'il conféra à Sully, l'édit de 1607 détermina les fonctions de cette charge par des dispositions ainsi conçues :

« Défendons à notrédit grand-voyer ou ses commissaires de permettre qu'il soit fait *aucunes saillies, avances et pans de bois* aux bâtiments neufs, et même à ceux où il y en a à présent de contraindre de les réédifier, ni faire ouvrages qui les puissent *conforter, conserver et soutenir, ni faire aucun encorbellement ni avances pour porter aucun mur, pan de bois ou autres choses en saillie,* et porter à faux sur lesdites rues ; ains faire le tout continuer à aplomb, depuis le réz-de-chaussée tout contre mont....

» Comme aussi nous défendons à tous nosdits sujets de ladite ville, fauxbourgs, prévôté et vicomté de Paris, et autres villes de ce royaume, faire aucun édifice, pans de mur, jambes étrières, encoignures, caves ni caval, formé ronde en saillies, siéges, barrières, contre-fenêtres, huis de caves, bornes, pas, marches, montoirs à cheval, auvens, enseignes, établies, cages de menuiserie, châssis à verre *et autres avances sur ladite voirie,* sans le congé et alignement de notredit grand-voyer ou desdits commis. Pour quoi faire nous leur avons attribué et attribuons la somme de 60 sols tournois, et après la perfection d'iceux, seront tenus lesdits particuliers d'en avertir le grand-voyer ou son commis, afin qu'il récolle lesdits alignements, et reconnaisse si lesdits ouvriers ont travaillé suivant iceux, sans toutefois payer aucune chose pour lesdits recollement et confrontation, et *où il se trouverait qu'ils auraient contrevenu auxdits alignements*, seront lesdits particuliers assignés par-devant le prévôt de Paris ou son lieutenant, pour voir ordonner *que la besogne mal plantée sera abattue*, et condamnés à telle amende que de raison, applicable comme ci-dessus. »

On voit toujours ainsi les règlements signaler comme entreprises et usurpations sur la voie publique : 1° les *constructions et reconstructions ;* 2° les *travaux confortatifs*, 3° et enfin les *saillies*, pour lesquelles il n'aura pas été demandé d'alignement ou de permission préalable.

Les ordonnances des trésoriers, du 26 octobre 1666 et du 14 décembre 1725, ont réglé les distances auxquelles des ouvrages en saillie pouvaient être autorisés.

Un nouveau tarif pour les droits de voirie a été sanctionné par l'édit de mars 1693, mais il n'y est question que des saillies, l'article 36 portant : « Ne sont dus lesdits » droits, qu'au cas que les choses ci-dessus spécifiées fassent » avance sur la voie publique, et excèdent le nud et » corps des murs desdites maisons, ou pans de bois d'i- » celles, sur lesquelles elles seront attachées et posées. »

Vers le milieu du dix-huitième siècle, l'établissement des routes construites aux frais du roi, ayant acquis une grande importance par la munificence du gouvernement et la sollicitude éclairée des trésoriers de France, l'arrêt du conseil du 26 février 1765, plaça ces ouvrages sous la protection de règlements particuliers et nouveaux, afin de prévenir, par une pénalité plus sévère, les entreprises et encombrements qui pourraient avoir lieu, au préjudice du public, soit dans la traverse des villes, soit par des constructions qui seraient faites le long des routes dans la campagne.

A cet effet, le roi approuve une ordonnance du bureau des finances de la généralité de Paris, du 29 mars 1754; il en rend les art. 4 et 12 exécutoires dans tous les bureaux des finances du royaume. Enfin, il en traduit la pensée dans des dispositions extensives, en ordonnant que « les alignements pour constructions et reconstructions de » maisons, édifices ou bâtisses généralement quelconques, » en tout ou en partie, étant le long et joignant les routes » construites par ses ordres, soit dans les traverses des » villes, bourgs et villages, soit en pleine campagne, ainsi » que les permissions *pour toute espèce d'ouvrages aux* » *faces desdites maisons, édifices et bâtisses*, et pour éta- » blissement d'échoppes et choses saillantes le long desdites » routes, ne pourront être données, en aucun cas, par au- » tres que par les trésoriers de France, etc

» Fait, sa majesté, défense à tous particuliers, proprié- » taires ou autres, de construire, reconstruire ou réparer » aucuns édifices, pour échoppes ou choses saillantes le » long desdites routes, sans en avoir obtenu les alignements » et permission desdits trésoriers de France, *à peine de* » *démolition* desdits ouvrages, confiscation des matériaux, » et de 300 francs d'amende.»

Jusque-là les amendes de voirie étaient fixées arbitraire- ment par les juges. Ici elles le sont, à un taux élevé et invariable, par le règlement même.

Ces expressions *permissions pour toutes espèces d'ou- vrages aux faces des maisons*, sont à remarquer; car les règlements antérieurs ne disposaient pas en des termes aussi sévères.

La jurisprudence de la voirie s'est conformée à cette législation, qui faisait peser davantage ses prohibitions sur les citoyens.

Nous ne pouvons pas ici passer sous silence un résultat

— 15 —

de cette jurisprudence ancienne, qui nous paraît du plus grand intérêt.

Perrot, dans son *Dictionnaire de la Voirie*, aux mots *droits utiles*, constate qu'il n'était dû de droits que quand les objets étaient en saillie du nu du mur.

L'article du tarif des droits dus aux commissaires de la voirie, annexé à l'arrêt du parlement du 11 mai 1735, après avoir fait le détail des droits et des choses qui y étaient sujettes, ajoutait : « Et ne seront lesdits droits ci-dessus dus, que lorsqu'il s'agira de poser les choses et espèces ci-dessus nouvellement dites, ou lorsqu'ayant été posées, il sera nécessaire de les rétablir en entier après l'année révolue, et ne sera dû que demi-droit lorsqu'il ne sera question que de les réparer et d'y faire quelque changement. »

De plus, au mot *permissions*, Perrot s'explique, au sujet de la voirie urbaine, en ces termes :

« *Jusqu'ici* on avait pensé qu'il était inutile que les pro-
» priétaires obtinssent des permissions, soit pour relever
» des bâtiments dans la ville de Paris, soit pour y ouvrir
» ou percer des croisées, ou pour changer quelques ouver-
» tures, parce que ces travaux, loin de tendre à la confor-
» tation des bâtiments ou saillies qui pouvaient être dans le
» cas du retranchement, ne pouvaient au contraire qu'en
» accélérer la ruine. »

Perrot a publié son Dictionnaire en 1782; ainsi donc, selon son témoignage, qui est d'une grande autorité, depuis qu'il existait à Paris une administration régulière et une juridiction spéciale pour la voirie, on n'avait pas même songé à exiger des *permissions préalables* pour les travaux confortatifs des façades et murs longeant la voie publique; c'est de son temps que les trésoriers de France, profitant de la part large d'arbitraire dont jouissaient tous les tribunaux d'alors, ont étendu la nécessité des permissions préalables *à toute espèce d'ouvrages*.

« Mais on tient aujourd'hui, dit-il, qu'il faut obtenir ces permissions, et l'on y assujettit en effet les propriétaires et entrepreneurs pour empêcher que, *sous le prétexte de ses ouvrages*, ils ne fassent des constructions nuisibles. » Il n'est pas moins vrai qu'en décidant ainsi, on n'a pas appliqué textuellement le règlement : c'est une interprétation extensive qui en a été faite.

On aurait pu de même, et pour plus de garantie, interdire aussi les travaux faits à l'intérieur, sous prétexte qu'ils peuvent être confortatifs du mur de face. Cependant, même encore aujourd'hui, aucune permission n'est exigée pour ces travaux.

C'est ce que consacre un arrêt du conseil d'état du 1er septembre 1832, ainsi motivé :

« Considérant qu'aucune loi ne défend aux propriétaires » des maisons sujettes à reculement de faire des travaux » dans l'intérieur desdites maisons, même sur la partie » retranchable, pourvu que ces travaux n'aient pas pour » effet de réconforter le mur de face ; que dès lors le sieur » Lafitte pouvait exécuter les travaux intérieurs sans auto- » risation préalable ; mais, en ce cas, *à ses risques et périls*, » l'administration ayant en tout temps le droit de vérifier » si lesdits travaux ont été confortatifs du mur de face, et » de poursuivre, s'il y a lieu, la démolition. »

Les anciens règlements, pour les rues et places des villes, en remontant à deux siècles et plus avant l'époque à laquelle le *Dictionnaire de la Voirie* fut publié, n'assujettissaient les propriétaires à ne prendre des permissions que pour les constructions et reconstructions, les travaux confortatifs des murs de face et les saillies ; ils pouvaient faire, *à leurs risques et périls*, tous autres actes de propriété, en modifiant les façades ; comme d'ouvrir des fenêtres, d'y pratiquer des jours, d'y creuser des niches, d'y faire enfin tous ouvrages qui, loin d'être confortatifs, ne pouvaient que diminuer la solidité des murs, sauf à être poursuivis si

Maintenant quelle est la sanction de ces dispositions réglementaires? Elle se trouve dans la disposition de l'art. 471, n° 4, C. P., qui applique la peine d'amende de un franc à cinq francs à ceux qui auront « négligé ou refusé d'exécu- » ter les règlements ou arrêtés concernant la petite voirie, » ou d'obéir à la sommation émanée de l'autorité adminis- » trative, de réparer ou de démolir les édifices menaçant » ruine. »

A la vérité, cette amende de un franc à cinq paraîtra dérisoire dans certains cas, en comparaison de l'importance qui s'attache à la conservation des propriétés bâties, lorsque des constructions auront été faites sans permission, et d'une manière qui dérange les plans arrêtés ou les vues d'amélioration concernant la voie publique.

Mais il faut se rappeler que, conformément à l'art. 161 du Code d'instruction criminelle : « Si le prévenu est con- » vaincu de contravention de police, le tribunal pronon- » cera la peine, et statuera par le même jugement sur les » demandes en restitution et les dommages-intérêts. » Or, en cette matière, toute construction qui sera *matériel- lement* en désaccord avec les plans et projets de voirie, causant un préjudice réel à la chose publique, la répara- tion du dommage consistera dans la démolition des tra- vaux déclarés nuisibles. En un mot, et conformément aux termes de l'édit de 1607, *besogne mal plantée doit être abattue*.

Point de dissidence d'opinion sur quelques principes en matière de voirie, ceux-ci par exemple :

Que, relativement aux constructions et murs sis le long ou joignant la voie publique, il n'y doit être fait aucune innovation sans s'adresser au maire pour obtenir la per- mission d'exécuter les ouvrages qu'on projette de faire ; de plein droit, cette autorité doit être avertie par les démarches du propriétaire de l'édifice, ou de son architecte et de ses ouvriers ;

Que si l'autorité municipale n'a pas été prévenue de cette manière, et qu'elle ne connaisse les ouvrages qu'après coup et lorsqu'ils auront été faits sans aucune permission, il doit en être dressé un procès-verbal de contravention, sur lequel l'autorité municipale poursuit le délinquant devant le tribunal de simple police, en requérant sa condamnation à l'amende et aux réparations de droit.

Mais on doit déjà entrevoir qu'en matière de petite voirie, l'autorité municipale agit dans deux rôles bien différents.

Son premier rôle est celui de l'autorité réglementaire, agissant en ses droits propres sous la surveillance du gouvernement, et il a deux parties :

De propre mouvement, elle médite et arrête les projets des plans des villes et faubourgs, et les plans des places et rues des villes, bourgs et villages ; elle fixe, sous l'approbation de l'autorité supérieure, les alignements généraux ;

Ou bien, en statuant sur *les demandes de permissions ou alignements* qui lui sont adressées, elle délivre des permissions, des alignements partiels, ou les refuse ; en un mot, par des décisions particulières, elle délimite la voie publique et règle ce qu'il sera permis à chacun de faire sur les bords sans y porter préjudice.

Son second rôle est celui de la vindicte publique, par lequel, surveillant elle-même les infractions commises à ses arrêtés, elle les fait constater par des procès-verbaux, dénonce la contravention au tribunal de police, et requiert les condamnations encourues.

Ces préliminaires posés, une question grave s'offre maintenant : autant elle sera générale dans les termes, autant elle a de l'importance pour la propriété, qui est dans des conflits journaliers avec l'autorité municipale, à l'égard des bâtiments et des murs sis le long ou joignant la voie publique.

Si une maison a été bâtie par un propriétaire qui pouvait ignorer les exigences des règlements de la voirie, et qui se sera cru dans l'exercice légitime des actes de propriété, mais qu'il soit condamné à la démolir, ce peut être la ruine complète d'une famille pauvre, qui aura employé toutes ses ressources pour se donner un asile, ou créer un établissement qui la soutienne ; s'il s'agit d'un bâtiment de quelque valeur, d'une filature importante, d'un hôtel splendide, le préjudice étant matériellement plus considérable, la condamnation à démolir paraîtra d'autant plus exorbitante ; ce sera, aux yeux de tous, du vandalisme, si cette démolition n'est pas nécessaire, dans l'ordre des plans de la cité ; car la société doit en général porter intérêt à la conservation des valeurs immobilières, éléments de la richesse de l'état et décorations de la voie publique ; or, leurs propriétaires peuvent n'être pas en état de reconstruire après que la démolition en aura été ordonnée.

La loi romaine, qui couvrait la propriété d'une si grande protection, en défendant de bâtir sur le fond d'autrui, interdisait toutefois la démolition des bâtiments ainsi élevés, *ne aspectus urbis ruinis deformetur.*

Ainsi l'intérêt public et l'équité ne permettent pas que des constructions importantes puissent jamais être abattues violemment sans nécessité légale.

Voici enfin la grave question de droit qui est à résoudre dans cette matière : lorsque des constructions neuves, ou de simples réparations dans un bâtiment ou murs sis le long ou joignant la voie publique, ont été faites sans alignement ni permission préalable de l'autorité municipale, le tribunal de simple police doit-il, par cela seulement qu'il reconnaît que la contravention résulte d'un procès-verbal régulier, non-seulement appliquer l'amende au contrevenant, mais encore ordonner la démolition des travaux qui auront été faits sans permission, c'est-à-dire seulement par forme de *visa* des réquisitions du maire ou commissaire de police, et sans entrer dans aucune appréciation des circonstances pour savoir si ces travaux sont ou non préjudiciables aux droits de voirie ?

Au premier abord il serait difficile de donner même des raisons plausibles pour répondre affirmativement, et ravaler autant le tribunal de paix devant l'autorité municipale au préjudice des garanties de la propriété.

La raison et le sentiment protestent contre l'idée d'une condamnation qui causera la ruine d'une famille, sans qu'elle puisse peut-être reconstruire ce qui aura été abattu, et qui ne pourra qu'attrister les regards en offrant un monument de violence et d'arbitraire, s'il est en effet constant, et si l'on ne peut pas désavouer que la voie publique n'éprouverait aucun dommage à laisser subsister ces ouvrages.

Toutefois la cour de cassation, voulant que l'appréciation des circonstances soit exclusivement du domaine de l'autorité administrative, réduit les tribunaux de police à ne plus faire ici que prêter main-forte à l'exécution des arrêtés des maires.

Au surplus, la doctrine consacrée par de nombreux arrêts de cette cour sur la petite voirie peut se résumer en cinq propositions, qui en contiendront l'analyse exacte.

Nous les posons ici pour les examiner plus tard une à une :

1° Aux termes de l'édit de 1607, *besogne mal plantée doit être abattue ;* or, toutes constructions et réparations faites sans autorisation préalable, ou exécutées au mépris des réglements, sont une besogne mal plantée.

2º Selon l'art. 161 du Code d'instruction criminelle, le juge de simple police doit, indépendamment de l'amende, statuer sur les réparations et dommages-intérêts; en cette matière, la suppression des travaux faits au mépris des règlements est la réparation du dommage, et devient dès lors la conséquence nécessaire de la reconnaissance et de la répression de la contravention.

3° Lorsqu'un alignement a été donné, et que le propriétaire, au lieu de s'y conformer, y a, au contraire, contrevenu, il n'appartient aux tribunaux de police ni de réformer l'arrêté du maire, ni d'ajourner les exécutions sous le prétexte d'un recours qui serait exercé auprès de l'autorité supérieure.

4° Tous travaux confortatifs doivent être détruits.

5° Aucuns travaux ne pouvant être légalement entrepris sans permission préalable de l'autorité municipale, c'est violer la loi que de n'en pas prononcer la démolition, lorsqu'elle a été requise par le ministère public,

Soit qu'il y ait omission de statuer sur ses conclusions,

Soit qu'il ait été jugé que les travaux n'étaient pas confortatifs.

En d'autres termes, c'est à l'autorité administrative qu'il appartient exclusivement d'apprécier si les travaux qu'on entreprend et qu'on désire entreprendre dans la face de bâtiments sujets à reculement, sont préjudiciables ou non aux droits de voirie; le tribunal incompétent sur ce point, doit donc, dans tous les cas de contravention, ordonner la démolition qui est requise des travaux en construction.

Nous userons maintenant, à l'égard de chacune de ces propositions, de toute la liberté d'examen nécessaire pour préparer les méditations du législateur lui-même, des magistrats et des jurisconsultes, sur ce qu'on doit en admettre et ce qu'on peut en rejeter, nonobstant l'autorité de la jurisprudence, dont on peut bien dire, *Amicus Plato*, *magis amica veritas*.

Sur la première proposition. — Véritable sens de la maxime *besogne mal plantée*.

Des esprits, enclins à tirer des principes les conséquences les plus rigoureuses, disent : « Tous travaux faits sans » permission sont une besogne mal plantée et doivent être » abattus. »

Nous répondons que c'est abuser d'un principe que de l'appliquer d'une manière trop absolue ; mais la lettre tue et l'esprit vivifie. Or, ici le sens qu'on prétend donner à la maxime *besogne mal plantée*, pour justifier une doctrine impitoyable, n'est

Ni conforme à l'esprit général des anciens règlements de voirie,

Ni consacré par l'ancienne jurisprudence,

Ni admis, de nos jours, par l'autorité administrative elle-même.

Nous avons analysé dans le mémoire ci-joint, page 9 et suivantes, les règlements de la voirie, en remontant à 1459. On y verra qu'ils se renferment constamment et uniformément dans le soin de défendre les saillies, l'encombrement de la voie publique, les constructions qui empiéteraient sur le sol de la voie publique ou empêcheraient de l'élargir. Toutes leurs prévisions embrassent les obstacles et préjudices évidents et réels qu'il était de l'intérêt public de prévenir.

Ainsi, l'ordonnance du prévôt de Paris, de 1600, est bien positive dans ses défenses ; c'est de « n'innover aucune chose » au devant desdites maisons ou autres lieux où il y a des » *saillies* ou pièces de bois ; iceux réédifier, ne faire ou- » vrage en icelles qui les puisse *réconforter*, *conserver* et

» *soutenir*, ne faire aucun encorbellement en avancé, pour
» porter aucun mur, pan de bois, ou *autre chose en*
» *saillie*, et porter à faux sur les dites rues ; mais le tout
» continuer à plomb depuis le rez-de-chaussée tout contre
» mont. »

« Semblables défenses sont faites de n'outre-passer ès-
» mesures qu'ils feront sur la voie publique , les *hauteurs*
» *et longueurs portées et contenues par les permissions et*
» *alignements* qui leur en seront baillées par écrit par ledit
» voyer, ou son commis, le tout à peine de cinquante écus
» d'amende contre les contrevenants , et de pouvoir, par
» ledit voyer et sondit commis, *abattre et démolir ce qui*
» *se trouvé avoir été fait et entrepris contre et au préjudice*
» *de ce que dessus.* » Évidemment cela ne veut pas dire
que tous ouvrages faits sans permissions seront démolis ,
encore qu'ils n'offrent ni avancées ou saillies , ni consolidation d'ouvrages sujets à démolition.

Or, les termes de l'édit de 1607 sont identiquement les
mêmes ; les expressions *besogne mal plantée* y sont évidemment corrélatives à la défense de faire des ouvrages qui
puissent *conforter, conserver et soutenir*, ni faire *aucun*
édifice, pans de mur, jambes étrières.... sans aligne-
ment.

Dans l'ancienne jurisprudence , ce texte fut si peu entendu
avec l'esprit de rigueur dans lequel on prétend l'appliquer
aujourd'hui, qu'au témoignage de *Perrot*, dans son dictionnaire de voirie, les propriétaires n'encouraient l'amende
pour avoir réparé sans permission les murs de face des
édifices sujets à reculement que si leurs travaux étaient jugés
confortatifs ; ainsi , à la vérité , l'amende et la démolition
ont été longtemps inséparables ; mais lorsque le propriétaire
avait estimé justement que ses travaux n'auraient rien de
confortatif, bien loin qu'il fût exposé à les voir démolir ,
il n'avait pas même l'amende à craindre. C'est vers 1780

seulement que la jurisprudence est devenue plus sévère , et que les réglements furent entendus en ce sens, que toute entreprise faite sans permission offrait une contravention punissable d'amende. Mais on a toujours distingué les contraventions *simples* des contraventions causant *préjudice* , c'est-à-dire celles punissables d'une simple amende , et celles pouvant donner lieu à des réparations et dommages-intérêts.

Au surplus, l'autorité administrative , dans les attributions qu'elle a reçues du législateur moderne, est héritière des pouvoirs qui réglaient autrefois la voirie. Eh bien , sous l'autorité même des traditions qu'elle a recueillies et dans le sentiment de l'intérêt public, l'administration admet-elle, pour règle de ses actes , que toute construction ou réparation faite sans permission préalable doive être supprimée sans examen ? Non , ce n'est pas ainsi qu'elle comprend et qu'elle applique la maxime *besogne mal plantée sera abattue.*

Mais comment ce qui contrarie à la fois les traditions, la jurisprudence, les règles de justice , pour l'autorité administrative , pourrait-il devenir une maxime vraie devant les tribunaux de simple police , et une règle absolue qu'ils dussent consacrer par leurs jugements ?

C'est un non-sens manifeste que de vouloir faire consacrer par ces tribunaux comme dogme absolu , ce qui, dans la réalité , se résout en une appréciation de dommage. Si l'on veut seulement réserver cette appréciation à l'autorité administrative , alors que les arrêts l'expriment , afin que celle-ci ne méconnaisse pas qu'il lui reste une décision à rendre, dont elle est responsable , et non pas un jugement à exécuter, en partie qui triomphe de son adversaire.

Ainsi donc, à prendre strictement les termes de l'édit de 1607 , ils ne comportent pas le sens absolu et ils ne le reçoivent pas non plus dans l'application effective.

A l'audience des chambres réunies du 25 juin 1836, M. le procureur général signalait les inconvénients qui peuvent naître de l'abus du principe, *besogne mal plantée*, avec cette expression vive, frappante et pleine d'éclat qu'on lui connaît. Nous en reproduirons quelques traits, autant que notre mémoire sera fidèle.

« Une maison sujette à reculement, disait ce magistrat, menace ruine dans sa partie supérieure ; tant que les fondations et le rez-de-chaussée offriront de la solidité, le propriétaire a le droit d'en jouir ; ainsi, les travaux non confortatifs ne doivent être défendus que si l'autorité est prête à évincer le propriétaire, moyennant indemnité préalable, par l'expropriation pour cause d'utilité publique.

» Mais l'administration, n'ayant pas les fonds prêts, ne veut pas user de l'expropriation.

» Elle ne veut pas non plus accorder de permission.

» Le propriétaire sera placé dans l'alternative, ou de rester dans sa maison au préjudice d'être un jour écrasé par la toiture et avec un grand danger pour sa famille, ou d'abandonner la propriété.

» Si l'administration se fait un jeu d'obliger ce propriétaire à rester entre la vie et la mort, ou de déserter un immeuble dont elle ne veut pas l'exproprier, ne trouvera-t-il aucun secours auprès les tribunaux contre une si grande tyrannie ?

» En face de ce refus de permission pour travailler, il aura passé outre, se confiant dans son droit de faire les actes de propriété qui ne préjudicient pas *actuellement* à la voirie ; de sorte qu'il n'existera qu'une contravention simple.

» Évidemment, ici, le principe *besogne mal plantée* réclame une certaine modération.

» Par exemple, un propriétaire n'aura pas mis d'éperon ou de contre-fort à son mur pour le soutenir, il n'aura fait qu'un badigeonnage pour le conserver, dira-t-on qu'il y a lieu, non-seulement à le condamner à l'amende, mais encore de le forcer à regratter son mur?

» Mais quels sont les experts qui diront jusqu'à quel point, par ce regrattage, le mur sera revenu tout juste à l'état de dégradation dans lequel il était auparavant?

» Ce n'est pas seulement pour construire, c'est aussi pour abattre qu'une permission est nécessaire.

» Un mur avait six pieds de hauteur, le propriétaire l'élève à neuf pieds sans permission. Si les réglements de la localité ne permettent pas que les murs bordant la voie publique aient plus de sept pieds, on conçoit une réduction forcée de deux pieds sur sa hauteur; mais le mur avait neuf pieds de hauteur, le propriétaire le réduit à six: Cette réduction a été souvent considérée comme confortative par l'administration, parce que le mur ayant moins de pente doit durer plus longtemps; les chances de sa chute sont de beaucoup diminuées.

Cependant l'opinion particulière et prononcée de M. le procureur général est que la diminution de hauteur ne doit être envisagée que comme une précaution propre à le faire durer plus longtemps; mais les moyens de *conservation* et la *consolidation* sont deux choses fort différentes; pour empêcher un propriétaire de prendre les moyens propres à faire durer sa chose plus longtemps, sans toutefois reconstruire et consolider, c'est le cas de recourir à l'expropriation moyennant indemnité.

«Mais forcera-t-on un propriétaire à rétablir son mur avec trois pieds de plus en élévation : ce serait le condamner à faire un ouvrage qui en accélérerait la chute. La loi ne peut pas aller jusque-là.

» J'ai vu souvent des propriétaires murer des fenêtres et des portes pour diminuer leurs contributions. Si le maire refusait la permission de faire ces travaux, dépendrait-il donc de lui que le propriétaire payât l'impôt pour des portes et fenêtres dont il n'aurait nul besoin ?

» Mais ces conséquences, si révoltantes pour la raison, n'ont aucun rapport avec le but des règlements de la voirie.

» Il s'offre, par la force même des choses, une limite qui en fait connaître le véritable sens ; c'est l'absurde dans lequel on tombe en abusant des principes. Or, il est contre l'intérêt de l'autorité de tomber dans l'absurde ; et les tribunaux ne peuvent être forcés de prononcer une condamnation que la raison et la loi repoussent. »

Cet éloquent réquisitoire a du moins bien démontré que le sens trop absolu qu'on prête à la maxime : *besogne mal plantée*, etc., n'est pas le dernier mot de la discussion. Continuons donc notre examen critique de la jurisprudence.

Sur la deuxième proposition. — *Application de l'art.* 161 *du Code d'instruction criminelle à la matière de voirie.*

La distinction que nous avons établie ci-dessus, entre les contraventions simples et celles offrant un préjudice réel, découle bien évidemment de l'art. 161 du Code d'instruction criminelle même.

Si une exception existe en matière de voirie, la jurisprudence doit la proclamer et la rendre notoire pour tous. On n'a donc qu'à déclarer que, dans les jugements de condamnation rendus en matière de petite voirie, les tribunaux doivent faire démolir toute espèce d'ouvrages faits sans permission, même *s'il n'y a aucun préjudice réel* ; encore bien que cette destruction soit évidemment alors un effet sans cause.

Cependant, d'abord, il s'offre ici une dissidence fort remarquable entre les résultats de la doctrine de la chambre criminelle de la cour de cassation et des chambres réunies, et la jurisprudence non moins constante du conseil d'état.

D'une part, dans tous les arrêts de la cour, l'art. 161 du Code d'instruction criminelle est soigneusement visé, et les cassations sont motivées sur ce que les jugements violent le même article.

Mais un résultat tout contraire sort avec la même uniformité des décisions du conseil. Cette juridiction ne prescrit la démolition que s'il y a *préjudice*, « considé-» rant, porte l'ordonnance *Fumerey*, rendue en 1818, » que la façade reconstruite se trouvant en arrière de » l'alignement, et le sieur Fumerey s'étant empressé d'é-» lever un mur de clôture sur ce même alignement, *il* » *n'en résulte aucun préjudice pour la voie publique.* — » Les arrêtés du préfet et du conseil de préfecture sont » annulés en ce qu'ils condamnent Fumerey *à la dé-* » *molition de la maison et à la confiscation des ma-* » *tériaux.* » (*Jurisprudence du conseil d'état*, t. 3, p. 373 ; Sirey).

De la contradiction qui s'offre aussi entre les doctrines des deux juridictions suprêmes sur une matière qui leur appartient respectivement, sauf que l'une en connaît dans l'intérêt des routes, et l'autre dans l'intérêt des rues, places et voies appartenant aux communes, la conséquence à tirer, c'est qu'au moins l'article 161 du Code d'instruction criminelle est en dehors de la question sur la manière dont les tribunaux de simple police doivent condamner les délinquants en matière de petite voirie. C'est avoir déjà fait un pas que de dégager une discussion d'un élément parasite, et qui ne fait que l'embarrasser ; passons donc outre.

Sur la troisième proposition. — *Ligne séparative des*

attributions de l'autorité municipale et des tribunaux de simple police.

Ici, comme en toute matière concernant l'intérêt général, il y a à observer les diverses compétences.

Il est pourvu à l'utilité publique par l'autorité administrative; mais les intérêts privés se placent sous la sauvegarde des tribunaux. Dès que les actes de l'administration attaquent et froissent les particuliers dans leurs droits de propriété ou autres, les tribunaux sont la sauve-garde du citoyen; et encore qu'ils ne doivent pas s'immiscer dans les opérations de l'autorité administrative, ils ne doivent pas non plus abdiquer les pouvoirs qui leur appartiennent par la crainte d'empiéter sur le domaine de celle-ci.

Pour ne pas contester inutilement les droits propres de l'autorité municipale en matière de voirie, nous professons que la délivrance des alignements et des permissions est bien de son ressort.

Du principe que les tribunaux ne doivent ni modifier ni interpréter les actes de l'administration, ni la gêner dans ses actes, il résulte que, dès qu'un alignement demandé a été aussi délivré, si le particulier ne s'y est pas conformé, mais qu'il ait enfreint l'arrêté qui détermine les limites de sa nouvelle œuvre, l'autorité municipale peut, après avoir fait constater la contravention, non-seulement le poursuivre comme passible d'amende, mais encore requérir la démolition des ouvrages faits contrairement à l'alignement donné; nous accordons d'abord tout cela.

Du même principe il résulte encore qu'il n'appartiendrait pas au tribunal de dire que l'alignement suivi par le propriétaire, quoique contraire à l'arrêté municipal, ne cause pas une atteinte véritable à l'intérêt public; que la déviation faite à l'alignement n'est que légère et excusable; ni encore moins que l'alignement, ayant été mal pris par l'autorité municipale, le propriétaire a bien fait de s'en écarter. Certes, dans une semblable appréciation, le tribunal de police expliquerait et interpréterait les alignements; il ferait plus encore, il les changerait à son gré et les réduirait à néant. Mais ce serait s'immiscer dans les opérations de l'autorité administrative, la paralyser dans ses fonctions, en un mot, empiéter sur son terrain : ce que les lois défendent, même sous les peines les plus sévères.

Enfin, continuant de rendre hommage au même principe de la distinction des pouvoirs, nous reconnaîtrons que la cour suprême a jugé selon les règles dans plusieurs de ses arrêts.

Par exemple, le sieur Becq, voulant construire un hangar, avait demandé et obtenu un alignement; mais il crut pouvoir se dispenser de le suivre, et il fit sa nouvelle œuvre hors de l'alignement; poursuivi pour cette contravention, il fit valoir, entre autres moyens, que l'alignement qui lui avait été délivré était susceptible de discussion et qu'il devait être modifié.

La cour, en rejetant son pourvoi dirigé contre le jugement prononcé par le tribunal de police de Douai, a répondu au sieur Becq sur ce chef, « que s'il croyait » avoir à se plaindre de l'alignement qui lui était assi- » gné par le maire de Douai, il pouvait et devait porter » sa réclamation, soit à ce maire lui-même, soit à l'au- » torité administrative supérieure, et que la considéra- » tion, que l'arrêté du maire de Douai ne renfermait pas » de dispositions générales, ne pouvait et ne devait pas » l'arrêter. » (Arrêt du 7 août 1829; Sirey, 29, 1, p. 394.)

En d'autres termes, les alignements et permissions délivrés aux particuliers sont des arrêtés de l'administration que les tribunaux doivent faire maintenir de la même manière que les lois et réglements généraux, sans qu'il leur appartienne, nous l'avouons, de les modifier ni d'en apprécier le mérite ou les inconvénients.

Ainsi encore, un règlement général du maire de Lyon, du 13 mai 1835, porte que les permissions de construire sur la voie publique limiteront la hauteur des bâtiments, selon les besoins de la sûreté et de la salubrité publique, proportionnellement à la largeur de chaque rue ; que ces permissions contiendront en conséquence une disposition spéciale, qui fixe, d'une manière claire et précise, la hauteur de ces maisons.

Le sieur Jacquemont ayant fait construire une maison nouvelle, la permission qui lui a été accordée portait qu'elle pouvait être élevée à 21 mètres et non au-dessus. Sans contredit le tribunal de police devait, après avoir reconnu et puni cette contravention flagrante, ordonner la réparation ou faire démolir la partie de la maison nouvellement construite, qui excédait la hauteur fixée par l'autorisation.

C'est en ce sens qu'a été rendu l'arrêt de cassation du 18 septembre 1829. (Sir., 29, 1, p. 78.)

Dans l'ordre des principes concernant les limites des compétences, il est à observer aussi que les actes de l'autorité administrative sont exécutoires, nonobstant tout recours, sauf le cas où la partie qu'ils atteignent a obtenu un sursis, qui ne peut être accordé que par l'autorité supérieure, dans l'ordre administratif.

Dans l'espèce de l'arrêt déjà cité des chambres réunies, du 26 janvier 1836, le sieur Bézins, en reconstruisant sa maison à Montréjean, s'était écarté de l'alignement qui lui avait été prescrit par arrêté du 13 mai 1832.

Cité devant le tribunal de police, il avait discuté le mérite de cet arrêté, et le tribunal de police l'avait relaxé de la poursuite pour illégalité de l'alignement.

Il y a eu d'abord cassation par arrêt du 6 octobre 1832.

Devant le nouveau tribunal de police, le délinquant déclare s'être pourvu devant l'autorité compétente pour faire rapporter l'arrêté qui fixait son alignement. Alors, le tribunal se borne à le condamner à l'amende et aux dépens, et surseoit à statuer sur le chef de la démolition qui était requise, jusqu'à ce que l'autorité administrative eût prononcé sur la demande portée devant elle, ou réformation de l'alignement donné par le maire de Montréjean le 13 mai 1832.

Pourvoi du ministère public. Nouvelle cassation sur ce chef, par arrêt du 26 septembre 1834. — Renvoi devant le tribunal de simple police de Toulouse. Le tribunal ordonne la démolition, et accorde au sieur Bézins un délai de quatre mois pour l'effectuer.

Celui-ci appelle devant le tribunal civil de première instance de Toulouse ; il demande d'être déchargé de la condamnation à démolir, et subsidiairement qu'il soit sursis à statuer jusqu'à ce que l'autorité administrative ait prononcé sur le pourvoi qu'il a formé contre l'arrêté du 13 mai 1832.

Le tribunal sursoit en effet jusqu'à ce qu'il ait été définitivement prononcé, par l'autorité administrative, sur l'annulation ou le maintien de l'arrêté du maire.

Le ministère public a formé un troisième recours en cassation ; cette fois, le motif qui faisait grief ayant été déjà censuré par la cour, la cause a dû être renvoyée aux chambres réunies.

Là, M. le premier avocat général, bien loin d'étayer le pourvoi de son autorité, conclut formellement à ce que la cour le rejetât. En effet, si les tribunaux doivent procurer l'exécution des règlements administratifs, le doivent-ils à l'égard d'un arrêté par lequel on est en *voie de réformation ?*

Il semble que de surseoir à son exécution jusqu'à ce

qu'il ait été statué définitivement par l'autorité compétente, ce soit le vœu de la justice même, et non pas gêner l'administration dans sa marche ; car il dépendra d'elle de statuer à bref délai sur le recours si elle pense devoir le maintenir.

« Si le règlement était annulé, a dit ce magistrat, et que les tracés fussent dans l'alignement fixé par l'autorité supérieure, on démolirait aujourd'hui, sans aucune utilité, une œuvre que du moins le propriétaire pourrait reconstruire sur le même lieu. » Résultat qui serait déplorable.

Cependant aussi, dans l'opinion de la cour, la question n'a pu être de savoir si l'équité et les convenances interdisaient à l'autorité municipale de presser l'exécution d'un arrêté pour lequel on était en voie de réformation, mais de savoir s'il appartient aux tribunaux de refuser l'exécution *immédiate* des règlements de police et d'accorder des délais.

En toute rigueur, c'est à l'autorité administrative elle-même que les citoyens doivent s'adresser pour obtenir du sursis à l'exécution de ses règlements.

De même : « seront punis d'amende, porte l'article 471 du Code pénal,

» Ceux qui auront négligé ou refusé d'exécuter les règle-
» ments et arrêtés concernant la petite voirie, ou d'obéir
» à la sommation émanée de l'autorité administrative, de
» réparer ou *démolir les édifices menaçant ruine.* » Ainsi, la démolition des édifices peut être requise par les maires pour cause de sûreté publique lorsqu'ils menacent ruine. Mais on peut contester le plus ou moins de solidité des bâtiments ; or, les tribunaux de police pourront-ils accorder un sursis ?

C'est dans ces vues que la cour, à l'audience des chambres réunies du 29 janvier 1836, a cassé le jugement qui lui était soumis.

Ici encore, selon nous, la cour suprême était rigoureusement dans les principes. La propriété est fondée à se plaindre seulement de ce que la loi ne lui offre pas contre les décisions du maire en matière de voirie, des garanties analogues à celles dont elle jouit en matière d'expropriation pour cause d'utilité publique. L'intérêt est de même nature et l'analogie parfaite ; or, l'expopia - tion ne peut être requise devant les tribunaux, qu'après avoir rempli une série de formalités qui sont du ressort de l'autorité administrative, et sur lesquelles pourtant les tribunaux exercent leur contrôle, pour garantir l'exécution ponctuelle de la loi. Ainsi donc, selon nous, sauf le seul cas où il s'agira de bâtiments menaçant ruine, le sursis à l'exécution des jugements prononçant la démolition et devant causer un préjudice irréparable , devrait être de droit ; une commission d'enquête peut être appelée à donner son avis, et le préfet statuer dans le délai légal du sursis.

Ces nouvelles dispositions, qui rétabliraient une harmonie désirable entre la loi concernant l'expropriation pour cause d'utilité et les règlements de la voirie, ne pourraient émaner d'une loi interprétative ; elles seraient l'objet de dispositions spéciales dont nous présenterons le projet à la fin de cette dissertation ?

Mais les principes que nous venons de professer ont-ils reçu une application également juste dans des cas où il n'existait point d'arrêtés spéciaux ?

C'est là un point important qu'il nous reste à traiter.

4e. PROPOSITION. — *Nécessité de la démolition des travaux confortatifs faits sans permission.*

A la vérité, ce que prescrit l'art. 161 du Code de procédure criminelle, concernant les réparations et dommages-intérêts, s'adapte très-bien à la petite voirie, lorsqu'il s'agit de réprimer des entreprises qui causent un préjudice réel et certain à la voie publique.

Telles sont les hauteurs de murs et d'édifices excédant les dimensions permises par les règlements, comme on vient de le voir dans l'espèce d'un arrêt. Tels sont les ouvrages faits en dehors des alignements donnés.

Enfin les travaux confortatifs, ou qui équivalent à une reconstruction, en sont aussi un exemple.

À cet égard, nous ne contestons pas la doctrine des arrêts de la cour suprême.

Il n'est pas non plus sans intérêt de signaler ici que, dans d'assez nombreuses décisions, les travaux ont été qualifiés *confortatifs* par la cour elle-même, d'après les déclarations contenues dans les procès-verbaux.

Ainsi, l'arrêt Blanchard du 8 janvier 1830, se fonde sur procès-verbal en ces termes : « Attendu qu'il résulte de » ce procès-verbal, que l'officier public qui l'a rédigé, » ayant été appelé sur les lieux par les plaintes des voi- » sins qui voyaient une *consolidation* du mur dont il » s'agit dans les travaux exécutés par le prévenu, a re- » connu que le mur *avait été repiqué et s'enduisait à* » *neuf*, et surtout que le mur avait été baissé, ce qui ten- » dait bien certainement à une consolidation. » (Arrêt du 8 janvier 1830. Sir. , 31 , 1 , p. 326.)

On a vu plus haut M. le procureur général qualifier le fait de diminuer la hauteur d'un mur acte de *conserva-* *tion*, mais non pas de *consolidation*.

Dans l'arrêt rendu par les chambres réunies, à la date du 10 mai 1834, espèce *Langlois*, il est dit : « Attendu, » en fait, que, par son arrêté du 24 mai 1833, le maire » de la ville de Chartres avait défendu à Adrien Langlois » de faire des *travaux confortatifs* sur la façade de sa

» maison, susceptible d'alignement... *et que cet arrêté n'a* » *pas été attaqué devant l'autorité supérieure*, etc. »

Dans le second arrêt du même jour, espèce *Challine*, nous lisons : « Attendu, en fait : 1° qu'il résulte du procès-» verbal, du 18 avril 1833, que Challine a reconstruit » entièrement *la jambe étrière qui forme la mitoyenneté* » *entre sa maison, sujette à retranchement*, et la maison » voisine, et que ces travaux, par lui exécutés, ont pour » effet de consolider le mur de face donnant sur la rue des » Changes. » (Dalloz, 1, p. 266.)

Des déclarations non moins explicites, en point de fait, sur le caractère de consolidation, forment la base des deux autres arrêts rendus sur le même point.

« Considérant, porte celui du 20 juillet 1835 (le procu-» reur du roi de Falaise contre Blanchard), que ce récré-» pissage pouvant et devant nécessairement consolider plus » ou moins cette maison, a causé à la commune, dans » l'intérêt de l'élargissement de la voie publique, un dom-» mage dont le ministère public avait demandé la répa-» ration. »

L'arrêt du 5 décembre 1835 (procureur du roi de Rouen contre Hélot), offre, entre autres motifs, celui-ci : « Attendu, en fait, que le procès-verbal, régulièrement » dressé, constate que la façade était en charpente, de » très-mauvaise construction et en surplomb sur la voie » publique, et que des travaux ont été exécutés dans le » but de consolider la façade dont il s'agit. »

Nous nous sommes procuré les motifs de ces deux arrêts, encore inédits, en les extrayant au greffe sur les minutes.

Si la cour de cassation n'avait cassé les jugements des tribunaux de simple police pour avoir omis d'ordonner la démolition, que dans des cas où, du reste, les travaux auraient consolidé les murs de face, aucune controverse ne se serait élevée sur sa doctrine. Mais, contrairement à notre opinion, la cour va encore plus loin, et c'est là que naît la difficulté sur laquelle il nous reste à motiver une opinion qui s'écarte de la doctrine consacrée par le dernier arrêt des chambres réunies.

Sur la cinquième proposition, ou dogme qu'en *matière de voirie le dommage consiste dans l'existence des constructions faites au mépris des règlements.*

Le dernier arrêt des chambres réunies, rendu dans l'affaire du sieur Kœchlin Dolfus, a un intérêt tout particulier pour la doctrine, et mérite l'attention de ceux qui aiment à suivre les progrès de la jurisprudence.

On n'y retrouve plus ce motif répété uniformément dans tous les arrêts qui précèdent, et faisant leur base principale, « qu'en matière de voirie, le dommage con-» siste dans l'existence des constructions exécutées au mé-» pris des règlements, et que la réparation du dommage » ne peut être autre que la destruction des travaux faits » en contravention. »

D'abord il y a dans cette assertion une singularité qui saute aux yeux; et, en effet, s'il y avait dommage d'après la loi par le seul fait de l'existence d'ouvrages non autorisés, quelle puissance dans l'état serait assez grande pour faire subsister des ouvrages dont elle prescrirait la démolition ? Aucune, sans doute. Cependant, il n'est pas méconnu que non-seulement les maires peuvent les tolérer, mais que même cette tolérance leur est prescrite par les instructions de l'autorité supérieure, et qu'au besoin encore celle-ci réforme les arrêts trop rigoureux qui lui sont déférés.

Envisagée en elle-même et dans ses propres termes, l'assertion posée ci-dessus manque donc de vérité. Le seul dommage qui demande réparation aux yeux de la loi, c'est le *préjudice réel;* c'est celui qui se montre dans les choses, et non pas un simple dommage *moral ;* car la simple offense à la loi est punie par l'amende ; mais la condamnation à démolir , non motivée sur le dommage, choque la raison, comme étant un effet sans cause.

Cependant, on pose comme vérité absolue que *besogne mal plantée doit être abattue ;* et , à l'appui de ce dogme, on invoque un grand nombre d'arguments ; mais plusieurs sont déjà réfutés dans les pages qui précèdent.

Ainsi vainement aura-t-on recours à l'édit de 1607 ; nous avons fait voir que , soit dans son rapport sur l'ensemble des règlements de la voirie , soit même dans son texte , cet édit n'offrait nullement le caractère de rigueur qu'on lui prête dans ces derniers temps.

Citera-t-on l'article 161 du Code d'instruction criminelle ; mais ce serait en dehors de cette disposition qu'il faudrait trouver des motifs de lui donner, dans la matière de voirie , une application aussi spéciale ; son texte même admet évidemment, comme en toutes autres matières, la distinction de la simple contravention ou d'une simple offense à la loi dans la forme, et de contraventions offrant un préjudice réel , exigeant une réparation , et donnant lieu à des dommages intérêts.

On a fait valoir enfin un dernier argument, sorte de *raison d'état,* dont on conçoit la prépondérance, devant des juges qui croiront devoir suppléer les lacunes du Code par une interprétation extensive et arbitraire , mais qui ne saurait obtenir le moindre crédit devant les magistrats, rigides observateurs de la loi , et qui ne se permettront pas plus d'ajouter à sa disposition que d'en rien retrancher, parce qu'ils ne reconnaissent pas en eux d'autre mission que celle d'appliquer la loi telle qu'elle est faite.

L'arrêt du 18 septembre 1829, que nous avons déjà cité (espèce *Jacquemont*), appuie la proposition dont il s'agit en ce moment de cette raison : « Attendu que s'il en était

» autrement ; si, moyennant une amende de 1 à 5 fr. pro-
» noncée par la loi, on laissait subsister les constructions
» faites en contravention, les règlements de voirie, ainsi
» que les lois qui les autorisent et les protégent de toute
» leur autorité, seraient une véritable dérision, et qu'il en
» résulterait l'anarchie la plus complète dans cette partie de
» l'administration. »

Cette considération ne nous paraît ni juste ni importante
pour l'intérêt public.

Elle ne nous paraît pas *fondée* en fait. En effet, outre
l'amende et les frais, celui qui a fait des travaux sans autorisation court le risque d'en voir prononcer la démolition,
s'ils sont déclarés par le tribunal de police causer un préjudice réel. Le danger d'enfreindre les règlements ne cesserait
donc pas d'être aggravé par la crainte d'être condamné à
démolir, lors même que les tribunaux de police seraient
arbitres sous ce rapport.

Elle ne nous paraît pas *importante* sous le rapport de
l'intérêt public, car si les plans qui existent ne comportent
pas de laisser subsister les travaux dont il s'agit, quel motif
de défiance peut-il exister contre les tribunaux de simple
police ? Est-ce que l'application des lois et des règlements
ne leur est pas confiée par le législateur ? Ne remplissent-ils
pas leur mis.. on avec exactitude et conscience ? Tout ce
que les citoyens peuvent y gagner, ce sera donc de n'être
plus en butte à des lenteurs excessives lorsqu'ils seront en
voie de réformation contre les arrêtés de la mairie, et de
n'être pas tenus dans une incertitude sans fin, qui n'a
évidemment rien que de très-opposé au vœu de la loi.

De plus, si les travaux étaient qualifiés *confortatifs* par
l'autorité municipale, et qu'on ne pût pas leur contester ce
caractère, la cour suprême elle-même ne veillerait-elle
pas au maintien de la loi, en tant que le jugement ne dé-
truirait pas les faits allégués sous ce rapport ? Plusieurs

des arrêts que nous avons cités témoignent que cette sauvegarde ne manquerait pas à l'intérêt public.

Enfin, lors même que les amendes prononcées par le Code pénal, en matière de simple police, seraient insuffisantes, en ce qui concerne la voirie, appartient-il plus à la cour suprême qu'aux cours et tribunaux de corriger une lacune dans la législation, et d'autoriser l'aggravation des peines par une interprétation dure à l'excès ? Mieux vaudrait mille fois pour les citoyens, payer une amende de 150 à 300 fr., pour défaut d'alignement ou de permission, comme avant 1790, et ne plus être livrés au pouvoir souvent tyrannique d'un maire, qui puisse, à son gré, faire démolir des travaux, alors même qu'ils ne causeront d'ailleurs aucun préjudice à la voie publique.

Or, nous sommes fondés dans l'opinion que ces raisons auront été enfin saisies, et que déjà même elles ont obtenu une pleine faveur aux yeux de la cour, puisque le motif, naguère consacré, ne se retrouve plus dans l'arrêt des chambres réunies du 25 juin 1836. C'est un premier avantage sur le dogme que nous espérons voir rejeter bientôt entièrement.

Il y a là une innovation sensible dans la doctrine de la cour. Mais les partisans déclarés de ce dogme se sont retranchés dans un dernier asile. La distinction des compétences et leur limite séparative, tout est maintenant dans ce seul mot.

C'est aux maires, dit-on, qu'il appartient de prendre des arrêtés en matière de voirie, de délivrer les alignements et permissions nécessaires pour faire des constructions et reconstructions le long de la voie publique, d'apprécier, par conséquent, si les travaux que l'on veut faire, ou que l'on aura faits, seront susceptibles de prolonger le mur de face.

L'office des tribunaux de police est et ne peut être que

d'appliquer les peines aux délinquants, dès que des contraventions aux arrêtés sont constatées.

Or, de ce qu'ils ne doivent pas apprécier le fond, il doit s'ensuivre que la destruction des travaux exécutés en contravention aux lois et règlements de voirie, et aux arrêtés de police municipale, quand elle est requise, soit, devant les tribunaux, la conséquence nécessaire de toute contravention.

Qu'il y ait discordance sur ce point entre la doctrine de la cour de cassation et la jurisprudence du conseil d'état, on ne se la dissimule point ; mais on la considère comme résultant de la nature des attributions de chaque autorité.

Nous avons vu déjà que le conseil d'état réforme les arrêtés des conseils de préfecture qui ont ordonné la démolition de travaux, desquels il ne résultait aucun préjudice pour la voie publique. Les décisions en ce sens sont multipliées et uniformes. (Ordonn. *Fumerey*, 1818 ; *Lecoq*, 17 août 1828 ; *Autichamp*, 10 août 1828 ; *Moyse Lyon*, 20 octobre 1828 ; *Mayet*, 14 juillet 1831 ; *ministre de l'intérieur*, 8 juin 1832 ; *Bertrand*, 5 décembre 1834 ; *Bertaud*, 4 février 1835 ; *Lafitte*, 25 mars 1835.

Mais le conseil d'état, objecte-t-on, a dans ses attributions le contentieux de la grande voirie ; on peut se pourvoir contre lui, dans la voie contentieuse, soit contre les alignements, soit contre les refus de permission : en fixant l'exécution des règlements en elle-même, il demeure dans sa sphère propre ; tandis que les tribunaux de police ne doivent en rien s'immiscer dans la connaissance des arrêtés, c'est-à-dire dans la partie réglementaire et administrative de la voirie.

Cependant, nous avons déjà rappelé qu'on ne doit forcer aucun principe ; observation utile au sujet de la limite des compétences.

En principe, les tribunaux doivent s'abstenir religieusement de s'immiscer en rien dans les opérations administratives ; mais, en même temps, c'est à eux qu'il appartient de procurer l'application des règlements et actes de l'administration publique, aux personnes et aux choses.

De là il résulte aussi que la propriété cherche naturellement une sauve-garde dans les tribunaux contre l'arbitraire et les abus dans lesquels pourraient tomber les agents du gouvernement.

Lorsqu'on arrive à l'application immédiate des lois et règlements à la propriété et aux personnes, il faut qu'une juridiction, qu'un juge proprement dit en soit l'arbitre, non-seulement entre les citoyens, mais encore entre l'adminis-, tration elle-même et ceux-ci.

Dans les matières purement administratives, telles que la grande voirie, ce juge nécessaire est le conseil de préfecture, si le débat est engagé par procès-verbal de contravention et par voie de poursuite ; mais si les particuliers se sont mis d'eux-mêmes en voie de réformation contre des arrêtés qui froissent leurs intérêts, c'est l'autorité supérieure qui fait l'office de juge, au premier degré de juridiction.

Or, ce que nous voudrions bien faire comprendre ici, et mettre hors de doute, c'est que le conseil d'état disant droit, comme juge d'appel, ne se permettrait pas l'usage d'un pouvoir différent de celui qui appartenait au juge de première instance. Expliquons-nous bien :

Supposons un conseil de préfecture saisi de la connaissance d'une contravention de grande voirie ; le procès-verbal constate qu'un propriétaire a construit le long de la voie publique, sans prendre alignement. Certes, le conseil n'aura pas plus qu'un tribunal de simple police le droit de rechercher quel alignement le cité aurait obtenu, en le demandant, pour savoir si la construction est préjudiciable ou non. Dans l'état des choses, et lorsque l'alignement n'était pas déterminé, le conseil de préfecture doit condamner le délinquant à l'amende et à la démolition.

Étant appelé à viser les procès-verbaux pour appliquer les amendes et ordonner les restitutions, il n'appartient pas au conseil de préfecture de faire disparaître le dommage en modifiant les arrêtés.

Mais précisément aussi parce qu'il est chargé de procurer l'exécution des arrêtés en matière de grande voirie, si l'administration lui soumet en outre des procès-verbaux, des plans et alignements arrêtés soit avant la contravention soit depuis, et qu'il en résulte que la bâtisse a été faite en dehors dè l'alignement, le conseil de préfecture ne pourra pas méconnaitre que, si la loi a été enfreinte pour défaut de permission, du moins il n'en résulte pas un *préjudice réel*, qui doive faire condamner le délinquent à démolir ses ouvrages et enlever les matériaux.

Or, le conseil d'état, juge d'appel des arrêtés des conseils de préfecture, prononce exactement de la même manière.

Même devant lui, autre chose est le contentieux des alignements et permissions, dans lequel on en discute l'opportunité et le mérite; autre chose de statuer sur les contraventions constatées par procès-verbaux.

En matière de grande voirie, comme de voirie urbaine, l'opposition à l'exécution d'un alignement appartient au ministre de l'intérieur et non aux conseils de préfecture. Une contravention ne peut pas disparaître par la réformation de l'alignement qui serait opérée par le conseil de préfecture, ni même en appel par le conseil d'état; c'est-à-dire que le conseil d'état connaissant par appel d'un arrêté du conseil de préfecture, ne réformera pas un alignement, comme il pourrait le faire par appel d'une décision du ministre de l'intérieur si la connaissance lui en était déférée par cette dernière voie, à moins qu'il n'y eût eu jonction de deux instances administratives coexistantes, et qui aient pour objet, l'une de statuer sur le procès-verbal de contravention, l'autre de faire réformer l'alignement.

Pareillement, les conseils de préfecture ne doivent pas se permettre de modifier, dans leur application, les règles établies pour la solidité des édifices. La décision du ministre de l'intérieur, du 18 février 1826, porte qu'à Paris les attiques doivent être faits en retrait et en pans de bois, et que faisant partie du comble, ils doivent, comme les combles, être construits en charpente. Le sieur Cathrein ayant construit en pierre le mur de face d'un attique de sa maison, sise à Paris, place de la Bourse, fut condamné à le démolir par le conseil de préfecture. Ayant appelé devant le conseil d'état, il repoussait la décision ministérielle comme non obligatoire, et soutenait que sa construction devait être tolérée, comme ayant l'avantage de diminuer les chances d'incendie. Le conseil d'état a rejeté la requête par application pure et simple de la décision du ministre de l'intérieur. (Ord. du 22 août 1834.)

Il en sera de même pour toute espèce de règlement, à moins que le recours n'ait été régulièrement formé contre la décision elle-même.

Les conseils de préfecture ne peuvent nullement relever les particuliers de l'obligation d'exécuter les règlements ; par exemple, si un arrêté contient défense formelle de faire telle nature d'ouvrages et qu'ils aient été faits au mépris de cet arrêté, le conseil de préfecture condamnera le délinquant à les supprimer ; mais si des travaux ont été exécutés sans permission, le conseil de préfecture ne sort pas des bornes de sa compétence en admettant devant lui la discussion des faits relatifs à la contravention qui lui est dénoncée. (Ordonnance du 20 juillet 1822.) De là la modération d'après laquelle on n'ordonne pas la démolition des travaux non confortatifs.

Ainsi donc, dans le contentieux administratif et en matière

de grande voirie, on distingue l'application des règlements et l'appréciation des circonstances d'une contravention , qui ne constituent pas la désobéissance à un arrêté spécial, comme deux choses fort différentes , et qui ne doivent pas se confondre ; or , là se trouve pareillement la limite qui ne doit jamais être franchie entre les pouvoirs de l'autorité municipale et des tribunaux de simple police.

En leur confiant le maintien des règlements de simple police par voie d'application des amendes encourues et des restitutions exigibles , la loi ne les autorise pas à étendre les règlements de l'administration, à les interpréter comme il leur plaît , à substituer aux arrêtés existants ceux qui seraient préférables dans leur opinion, à s'immiscer enfin , sous aucun rapport, dans les opérations administratives. Non, certes; mais il y a loin encore d'un pareil excès, qui serait en effet une anarchie complète, à protéger la propriété contre l'arbitraire, les irrésolutions, le silence affecté et le déni de justice de l'autorité municipale, en appréciant les circonstances des contraventions dont ils seront saisis.

La différence est grande entre des travaux qui contreviennent aux alignements et permissions délivrés, et ceux faits simplement sans arrêté pris d'alignement et de permission.

Dans le premier cas, les travaux existants offrent une simple infraction à la loi générale , qui défend d'entreprendre aucuns ouvrages de bâtisse le long de la voie publique sans permission préalable.

Dans le second, il a en outre infraction à un règlement particulier qui déterminait le tracé, la dimension et les matériaux des ouvrages qui seraient permis; si l'on se croyait fondé à s'en plaindre, il fallait se mettre en voie de réformation devant l'autorité compétente.

Si les tribunaux de police doivent assurer l'exécution

des arrêtés particuliers de l'administration publique, aussi bien que des lois et des règlements généraux, pourquoi la séparation serait-elle plus fortement tracée ici que dans tous les autres cas d'application des arrêtés administratifs ? Or, nonobstant la ligne de démarcation qui existe entre les deux autorités, la cour de cassation elle-même maintient les tribunaux dans le droit d'apprécier les conséquences de ces arrêtés lorsqu'il n'y a pas lieu à interprétation, mais simple application des actes aux faits reconnus constants.

Si un propriétaire a construit le long de la voie publique sans prendre alignement, on voit bien qu'il a contrevenu à une défense générale de la loi ; mais aura-t-il causé du préjudice, aura-t-il empiété sur la voie publique ? Le tribunal de police doit-il, en lui appliquant l'amende, le condamner à démolir son œuvre ?

Oui, sans doute, si l'on suit le principe « qu'en cette » matière le dommage consiste dans l'existence des con- » structions exécutées au mépris des règlements. »

Non plutôt, en suivant un autre principe qui est consacré par un arrêt des chambres réunies en matière d'alignement.

En effet, aucune autorisation préalable n'est nécessaire pour construire et réparer dans l'intérieur de sa propriété, si l'on ne touche pas à la voie publique actuelle. (Arrêt, *Chandesais*, 25 juillet 1829.)

Dès lors il ne peut y avoir de contravention par défaut d'alignement que si les travaux en contravention sortent d'un alignement fixé par l'autorité locale.

Mais, s'il en est ainsi, on ne peut donc pas contester aux tribunaux de police le droit de se faire représenter les plans et les tracés existants, et d'apprécier s'il y a ou non préjudice.

Mais alors il en sera de même quant aux permissions.

Si un propriétaire a demandé d'être autorisé à faire tels et tels ouvrages dans le mur de face de sa maison sise le long d'une rue dans une ville, et que le maire lui ayant répondu que sa maison étant sujette à reculement, il ne peut pas lui permettre de faire les ouvrages indiqués, parce qu'ils seraient de nature à consolider la façade; dans ce cas-là, sans contredit, le tribunal de police, saisi de la contravention, devra ordonner la destruction des travaux en appliquant l'amende.

Il y aura là infraction tout à la fois, et à la loi générale et à une décision administrative, qui qualifiait les faits dans le sens de la prohibition de la loi.

Mais si les ouvrages ont été faits simplement sans l'autorisation préalable; s'ils ne sont qualifiés *conforta-tifs* que par le *procès-verbal* et la *réquisition* de démolir, ces actes ne sont pas des arrêtés de l'administration; ils appartiennent à la poursuite, à la police répressive, mais non à l'autorité réglementaire : deux choses qu'il ne faut pas confondre.

En effet, dans ses fonctions de partie publique et poursuivante, l'autorité locale n'a que le caractère de ministère public; elle rassemble les preuves des contraventions, mais elle n'en fixe pas la valeur légale; c'est aux tribunaux seuls qu'il appartient de les apprécier.

Est-ce contre un *procès-verbal* constatant un fait d'ailleurs vrai en lui-même, ou contre une *réquisition* à laquelle il aura été fait droit, qu'on peut se mettre en voie de réformation? Mais le jugement de condamnation ne reposant que sur un fait non contesté, ce serait donc le jugement qu'il faudrait faire réformer dans la voie administrative; c'est ce qu'on ne conçoit pas, et comme on ne peut pas prétendre faire rapporter une réquisition dont l'effet est consommé, dès qu'elle est suivie d'un jugement quelconque; le prévenu restera donc soumis à une condamnation de démolir, malgré le principe qu'elle ne doit avoir lieu en définitive que s'il y a *préjudice*.

Ces difficultés témoignent de l'abus dans lequel on tombe en ne voulant pas distinguer en cette matière, comme en toute autre, la contravention aux règlements généraux, de l'infraction à un arrêté spécial portant *alignement* ou *permission*, et déterminant les ouvrages permis ou défendus.

Mais si les faits et circonstances n'ont pas été appréciés ni qualifiés par l'autorité administrative, cette grande règle de l'interdiction faite aux tribunaux de ne point entraver l'administration dans ses actes, d'en procurer, au contraire, l'exécution, ne fait plus aucun obstacle à ce que les tribunaux de police en connaissent, c'est-à-dire qu'alors la propriété doit trouver en eux une sauve-garde contre l'arbitraire des réquisitions qu'ils ne peuvent admettre qu'en les appréciant, et qu'ils doivent suivre la distinction fondamentale, en matière de police, entre les simples contraventions et les infractions préjudiciables, pour statuer sur les premières par simple amende, et ordonner en sus des réparations à l'égard des autres.

Déjà, devant les chambres réunies, où nous plaidions, cette distinction fut complètement adoptée par M. le procureur général, et nous ne saurions mieux terminer cette discussion qu'en rapportant ici les derniers traits du réquisitoire, dans lequel ce magistrat a si bien fait sentir le danger de tomber dans l'absurde en poussant à l'extrême la rigueur des principes.

«Dans l'espèce, le premier arrêt de cassation, a dit M. Dupin, énonce, il est vrai, que l'administration seule pouvait être saisie et connaître de la question de fait, si les travaux en question préjudiciaient à la voie publique.

» Cependant là le maire n'avait pas répondu par

écrit à la demande d'une permission. S'il y avait eu refus de travaux ayant pour objet de consolider, il se serait élevé une sorte de conflit entre l'autorité administrative et le tribunal de simple police.

» Ce conflit résultait-il du procès-verbal seul ? Mais aucune loi ne dit que ceux qui rédigent les procès-verbaux aient le droit de qualifier les ouvrages d'une manière qui lie les tribunaux. Le procès-verbal constate un fait dont il appartient aux tribunaux d'apprécier le caractère légal. Les agents de la voirie n'ont pas le droit de qualifier les faits avec une puissance telle, que les tribunaux ne puissent tirer des conséquences du procès-verbal.

» En tout cas, il faudrait que le procès-verbal dont il s'agit eût été jusque-là, mais il ne l'a pas fait. Il déclare, il est vrai, que les travaux ont été faits sans permission ; mais il ne dit pas que le défaut de permission ait résulté de ce que les travaux étaient de nature à préjudicier à la voie publique ; il ne contient aucune qualification des ouvrages sous le rapport de la consolidation.

» De plus, si le commissaire de police avait fait son devoir, il aurait averti le propriétaire dès le premier coup de marteau, et il n'aurait pas attendu l'achèvement des ouvrages pour dresser un procès-verbal et en requérir la démolition ; mais, dans son action tardive, il n'a donné non plus aucune qualification au fait. »

L'arrêt du 25 juin 1836, rendu contrairement à ces conclusions, est le dernier de ceux qui ont ouvert des référés législatifs.

Il nous sera permis maintenant d'esquisser quelques dispositions nouvelles, préférables à la simple interprétation de celles en vigueur, parce qu'elles feraient régner plus d'accord entre la jurisprudence de la cour de cassation et la doctrine du conseil d'état, entre l'autorité municipale et les tribunaux de simple police; enfin, et surtout, entre l'intérêt si grand d'ailleurs du maintien des droits de voirie et les garanties non moins dignes de faveur que réclame la propriété immobilière.

CHAPITRE III.

Projet de quelques dispositions législatives, et conclusion.

Nos vues sont clairement formulées sous les propositions suivantes :

1. « Les plans généraux des villes seront délibérés en conseil d'état, et approuvés par S. M., après des enquêtes faites sur les lieux, ainsi qu'il suit :

» Les observations qui auront été présentées par les parties intéressées seront soumises à l'examen d'une commission, dont les réunions et les séances auront lieu conformément aux dispositions des articles 7, 8, 9 et 10 de la loi du 7 juillet 1833, concernant l'expropriation pour cause d'utilité publique.

2. » Les plans généraux des bourgs et villages, comprenant leurs places et rues, et les alignements des chemins publics communaux, seront arrêtés par les préfets.

» À cet effet, il sera procédé dans chaque commune, à l'enquête préalable, prescrite par les art. 7, 8 et 9 de la loi du 7 juillet 1833.

» Les observations des propriétaires seront transmises par le sous-préfet au préfet, pour y être statué en conseil de préfecture.

3. » À défaut de plans et de tableaux des chemins

définitivement arrêtés, les maires délivreront des alignements partiels.

» Dans le mois à partir du jour où la demande d'un alignement aura été remise ou sera parvenue au maire, il communiquera à la partie intéressée un tracé provisoire.

4. » Un recours sera ouvert à la partie intéressée, devant le préfet, pendant quinze jours, après la notification de l'arrêté définitif.

» Le préfet devra répondre dans le mois, à partir de l'arrivée ou du dépôt de la réclamation à la préfecture.

5. » Si le maire ou le préfet laisse écouler les délais qui leur sont prescrits sans prendre de décision, le propriétaire pourra passer outre à ses risques et périls, sauf ce qui s'ensuivra, conformément à l'article 8 ci-dessous.

6. » Un recours pourra être exercé directement au conseil d'état contre l'arrêté du préfet, en prenant pour rejet des observations qui lui auraient été soumises, le fait de les laisser sans réponse dans le mois.

» Si la matière est contentieuse, le recours sera introduit devant le comité de justice administrative ; dans le cas contraire, il sera formé devant le ministre de l'intérieur, et le comité de l'intérieur et du commerce.

7. « S'il s'agit d'obtenir une permission de faire certains travaux dans les façades des maisons, et dans des murs bordant la voie publique, le refus du maire donnera lieu aux mêmes recours que ci-dessus, avec 1 s délais déjà prescrits.

8. » Si des travaux ont été exécutés sans les alignements ou permissions nécessaires, le tribunal de police devra surseoir à en ordonner la démolition durant

les délais nécessaires pour que l'administration examine, dans les formes et délais déterminés plus haut, si les ouvrages peuvent subsister. Ces délais écoulés sans que le préfet en ait prescrit la suppression, le tribunal de police appréciera lui-même si la contravention est préjudiciable à la voie publique actuelle et aux alignements arrêtés, et statuera en conséquence. »

Nous avons payé notre tribut à la chose publique. Après avoir essayé d'éclaircir les principes sur un point très-usuel en matière de petite voirie, nous avons discuté la jurisprudence des tribunaux dans son rapport avec celle du conseil d'état ; enfin, nous élevant d'un vol, qu'on jugera peut-être téméraire, vers la législature, nous avons dit quelles nouvelles garanties nous semblaient les plus désirables en faveur de la propriété.

Puisse au moins la jurisprudence de la cour suprême diverger définitivement vers une solution qu'il dépend encore d'elle de consacrer, puisqu'elle ne blesserait aucun principe et qu'elle concilierait déjà puisamment tous les intérêts.

RÉSULTATS COMPARÉS

DE LA JURISPRUDENCE DES CHAMBRES RÉUNIES

DE LA

COUR DE CASSATION,

EN MATIÈRE DE VOIRIE,

ET DE CELLE DU CONSEIL D'ÉTAT,

Sur les mêmes questions.

ALIGNEMENT, TRAVAUX INTÉRIEURS, AUTORISATION.

Cour de Cassation.

D'après les lois actuelles, l'autorisation, avant d'entreprendre des travaux, n'étant exigée que pour les constructions à établir sur la voie publique, ou pour réparations à faire aux murs de face sur route ou sur rue, il suit delà qu'aucune autorisation préalable n'est nécessaire pour construire ou réparer dans l'intérieur, des portions qui n'auraient pas pour objet de consolider des murs de face, ou qui ne toucheraient pas à la voie publique actuelle, lors même que ces propriétés seraient destinées, par des plans arrêtés au conseil d'État, à faire, dans un temps plus ou moins éloigné, partie de la voie publique.

(Arrêt du 25 juillet 1829, chambres réunies. *Journal des Audiences* 1829, 1, p. 310.)

Conseil d'État.

1. — Aucune loi ne défend aux propriétaires de maisons sujettes à reculement, de faire des travaux dans l'intérieur desdites maisons, même sur la partie retranchable, lorsque ces travaux n'ont pas pour effet de réconforter le mur de face ?

Toutefois, les propriétaires font les travaux à leurs risques et périls, sans préjudice du droit de l'administration d'en faire ordonner la démolition, s'ils sont confortatifs du mur de face.

25 mars 1835. — ORDONNANCE LAFITTE. « Considérant qu'aucune loi ne défend aux propriétaires des maisons sujettes à reculement de faire des travaux dans l'intérieur desdites maisons, même sur la partie retranchable, pourvu que ces travaux n'aient pas pour effet de réconforter le mur de face ; que, dès lors, le sieur Lafitte pouvait exécuter ses travaux intérieurs sans autorisation préalable ; mais, en ce cas, à ses risques et périls, et sauf le droit qui appartient toujours à l'administration de vérifier si lesdits travaux ont été réconfortatifs du mur de face, d'en poursuivre, s'il y a lieu, la démolition, et d'ordonner la destruction de tous les ouvrages compris dans la partie retranchable, dans le cas où le mur de face viendrait à tomber ou à compromettre la sûreté de la voie publique.

» Art. 1ᵉʳ La décision de notre ministre des travaux publics, du 13 juin 1832, est annulée. »

2. — Lorsque le conseil municipal d'une ville arrête, en faveur de l'un de ses quartiers, un système entier d'alignement pour arriver à l'agrandissement d'une place et à l'isolement d'un édifice, les maisons comprises dans ce plan ne sont pas frappées de la servitude ordinaire de reculement.

C'est le cas d'une mesure d'embellissement et de création nouvelle, qui ne peut s'effectuer que par la dépossession du propriétaire, par accord amiable, ou par voie d'expropriation pour cause d'utilité publique.

(Ordonnance du 10 décembre 1835. — Ville de Bordeaux contre Fabre de Riennègre.)

ABSENCE DE PLANS GÉNÉRAUX DES VILLES. — ALIGNEMENTS PARTIELS.

Cour de Cassation.

Les corps municipaux, sous l'empire des lois des 14 décembre 1789, 16-24 août 1790, 19-22 juillet 1791, 16 fructidor an 9, avaient le droit de faire des arrêtés concernant les constructions, réparations, alignements des maisons donnant sur la voie publique.

Les maires, qui les ont remplacés, sont investis des mêmes pouvoirs, lesquels n'ont pas été suspendus par l'article 52 de la loi du 16 septembre 1807, qui leur enjoint de donner des alignements conformes aux plans généraux arrêtés au conseil d'État.

En conséquence, dans la localité où il n'existe pas de plans généraux, l'arrêté par lequel un maire aura défendu d'exécuter tous travaux confortatifs sur la façade d'une maison, susceptible d'alignement sur la voie publique, est obligatoire, s'il n'a pas été attaqué devant l'autorité supérieure.

Les tribunaux doivent ordonner la démolition des travaux, lorsqu'elle est requise par le ministère public : c'est la réparation civile en cette matière, et ils ne peuvent se borner à prononcer l'amende.

La Cour : « Attendu, en droit, que les anciennes lois avaient attribué aux officiers de la voirie le droit de défendre la confection des travaux confortatifs sur la façade des maisons joignant les rues des villes, et susceptibles d'alignement ; et que l'exercice de ce droit n'a jamais été suspendu, soit à l'égard des rues qui ne formaient pas le prolongement des routes, soit même à l'égard de celles qui formaient ce prolongement, non plus qu'à l'égard des rues de Paris, lorsqu'en 1765 et en 1783 la levée des plans d'alignement a été ordonnée, relativement aux routes dans leurs traverses des villes, et relativement aux rues de Paris.

» Que lorsque les officiers et les juridictions de la voirie, ainsi que le régime féodal, furent abolis en 1789 et 1790, le droit dont il s'agit fut transporté aux corps municipaux, en ce qui concerne les rues des villes qui ne forment pas le prolongement des routes.

» Qu'en prescrivant des plans d'alignement pour toutes les villes du royaume, lesquels devront être donnés par les maires, approuvés par les préfets, transmis au ministère de l'intérieur, et arrêtés en conseil d'état, l'article 52 de la loi du 16 septembre 1807 n'a pas suspendu, pendant le temps intermédiaire, nécessairement long, qui devait s'écouler jusqu'à l'exécution de ces plans, les droits que la législation existante attribuait aux autorités chargées de la grande et de la petite voirie.

» Qu'au contraire, la continuation de l'exercice de ces droits était nécessaire pour assurer les améliorations d'intérêt public que cet article avait précisément en vue, et qu'il a voulu étendre et régulariser.

» Que d'ailleurs l'article 50 de la loi maintient formellement les autorités compétentes dans le droit de donner des alignements. »

(Arrêt du 10 mai 1834.— Chambres réunies, journal des audiences, p. 265.)

Conseil d'État.

Les rues des villes qui font partie des routes royales, sont placées sous le régime de la grande voirie.

L'article 52 de la loi du 16 septembre 1807 ne concerne que les plans généraux d'alignement des rues qui ne sont pas grandes routes.

Lorsqu'il n'existe pas de plan général d'alignement approuvé par le roi, le préfet peut, en matière de grande voirie, déterminer un alignement partiel.

« Considérant que la rue de l'Argenterie, à Bayonne, faisant partie de la cour royale, n° 10, de Paris en Espagne, est placée sous le régime de la grande voirie;

» Que les formalités dont le sieur Détroyat signale l'omission sont prescrites par des instructions ministérielles relatives à l'exécution de l'article 52 de la loi du 16 septembre 1807, lequel article ne concerne que les plans généraux d'alignement des rues qui ne sont pas grandes routes;

» Que l'arrêté du 20 avril 1832, dont le maintien est demandé, ne déterminait aucun alignement général ; que cette décision interlocutoire se bornait à prescrire, sur le projet d'un alignement partiel, des formalités utiles, mais qui, dans l'espèce, n'étaient pas obligatoires;

» Qu'à défaut d'un plan général d'alignement approuvé par nous, c'est au préfet qu'il appartient, en matière de grande voirie, de déterminer une alignement partiel ;

» Et que le sieur Berrot a suivi exactement la ligne qui lui était tracée par l'arrêté du préfet du 29 avril 1825 ;

» Considérant que ledit sieur Détroyat n'a pas qualité pour élever des réclamations dans l'intérêt de la voirie urbaine ;

» Considérant que le dommage dont se plaint ce particulier, s'il était appréciable, ne serait que la perte d'un avantage auquel il n'avait aucun droit acquis.

» Art. 1er La requête du sieur Détroyat est rejetée »

(Ordonnance du 26 août 1829, Recueil des arrêts du conseil, vol. 11, 1829, p. 350.)

CONSTRUCTIONS FAITES SANS AUTORISATION, DÉMOLITION IMMÉDIATE.

Cour de Cassation.

Lorsqu'un propriétaire a fait des constructions sans se conformer à l'alignement qui lui a été fixé par le maire, et qu'il déclare être en voie de réformation contre cet article, il n'appartient pas au tribunal de police d'ordonner qu'il sera sursis à prononcer sur la demande en démolition de travaux, jusqu'à ce qu'il ait été statué par l'autorité supérieure sur le pourvoi dont elle est saisie.

La Cour : « Attendu que la loi attribue aux maires le droit de donner des alignements, et que leurs arrêtés, tant qu'ils n'ont pas été réformés par l'autorité supérieure, doivent recevoir leur exécution ;

» Attendu qu'aux termes 161 du Code d'instruction criminelle, si le prévenu est convaincu de contravention aux règlements de police, le tribunal doit, en prononçant la peine, statuer par le même jugement sur les demandes en restitution et dommages-intérêts ;

» Attendu qu'en matière de voirie le dommage consiste dans l'existence de contraventions exécutées au mépris des règlements, et que la réparation du dommage ne peut être autre que la destruction des travaux faits en contravention ; d'où il suit que la démolition des travaux est la conséquence nécessaire et légale de la contravention ;

» Attendu, en fait, que l'arrêté du maire de M. Montréjean a été pris sur la réclamation de Bezins lui-même ;

» Attendu qu'en élevant des constructions au mépris de l'alignement qui lui avait été donné, il a commis la contravention prévue par l'article 471 du Code pénal, pour laquelle il a été condamné à l'amende ;

» Attendu qu'il n'était pas au pouvoir des tribunaux de le soustraire aux conséquences légales de cette condamnation ;

» Qu'ainsi, en ordonnant qu'il serait sursis à la demande à faire de démolition des travaux jusqu'à ce qu'il ait été statué sur le pourvoi formé par Bezins contre l'arrêté d'alignement, le jugement attaqué a expressément violé l'art. 16. »

(Arrêt du 30 janvier 1836, chambres réunies.)

Conseil d'État.

Lorsqu'un particulier, au lieu de bâtir dans l'alignement qu'il avait demandé et obtenu, a élevé des constructions en dehors de son mur sujet à reculement, et que ces constructions sont confortatives dudit mur, le conseil de préfecture fait une juste application de l'arrêt du conseil du 27 février 1765, en ordonnant la démolition des constructions.

Mais le conseil de préfecture ne peut conférer au contrevenant la faculté de ne se soumettre à faire la démolition qu'à la première réquisition qui lui en sera faite par l'administration, ce qui le dispense de se conformer dès à présent à l'alignement de grande voirie.

« Considérant qu'il résulte des renseignements fournis par le préfet de la Seine, que le sieur Courtot, au lieu de bâtir dans l'alignement qu'il avait demandé et obtenu, a élevé des constructions en dehors de son mur, sujet à reculement ; que ces constructions sont confortatives dudit mur, et que dès lors le conseil de préfecture a fait une juste application de l'arrêt du conseil du 27 février 1765, en ordonnant la démolition des constructions dont il s'agit ; mais qu'il n'aurait pas dû conférer au contrevenant la faculté de se soumettre à ne faire cette démolition qu'à la première réquisition qui lui en serait faite par l'administration, ce qui dispense le sieur Courtot de se conformer, dès à présent, à l'alignement de grande voirie ;

» Considérant que le conseil de préfecture a excédé ses pouvoirs en réduisant l'amende fixée à 300 fr., mais qu'il n'y a pas d'appel sur ce chef de son arrêté.

» Art. 1er. La requête du sieur Courtot est rejetée. »

(Ordonnance du conseil du 23 juin 1830.) Recueil des arrêts, vol. 12, p. 352.)

DÉFAUT D'ALIGNEMENT OU DE PERMISSION, TRAVAUX NON DOMMA-GEABLES.

Cour de Cassation.

S'il est déclaré et reconnu par le juge qu'une construction sur la voie publique, dont le ministère public demande la démolition, en tant que vicieuse et non autorisée, ne cause et ne peut causer à l'avenir aucun dommage à la voie publique, il a pu se dispenser d'en ordonner la démolition sans violer l'art. 471, n° 5, Code pén.

Le sieur Bourdrel, propriétaire à Aire, fait construire un pont en briques sur un fossé attenant à sa propriété.

Le 5 avril 1832, le maire de la commune lui enjoint de faire disparaître ce pont. — Refus. — Procès-verbal du commissaire de police, assisté du garde-champêtre et d'un architecte, qui constate, en l'absence du sieur Bourdrel, que la construction est vicieuse.

Assignation devant le tribunal de police, et enfin, le 28 mai suivant, jugement qui condamne le sieur Bourdel à un franc d'amende et à la démolition de son pont, par application de l'art. 471 ; toutefois, ce jugement constate que le juge de paix qui le rend ne partage pas l'opinion de l'expert.

Appel. — Nouvelle expertise favorable au sieur Bourdrel. 1er janvier 1832, jugement du tribunal de Saint-Omer, qui renvoie le sieur Bourdrel de la plainte, sur le motif qu'il n'existe ni arrêté ni règlement défendant de pareilles constructions ; que l'arrêté du préfet du 8 novembre, étant postérieur à la construction du pont, n'a pu être appliqué.

Pourvoi en cassation du ministère public.

1er février 1835, arrêt qui casse.

Le tribunal de Cambrai, devant lequel l'affaire avait été renvoyée, persiste, par de nouveaux motifs, dans la décision adoptée par les premiers juges. — Ce jugement contient ce motif : « Considérant, en fait, que le pont dont il s'agit ne nuit en aucune manière au chemin ni à l'écoulement des eaux, etc.

Nouveau pourvoi, chambres réunies.

La Cour : « Attendu qu'il n'existe aux pièces du procès aucun procès-verbal régulier constatant une contravention; que le commissaire de police s'est borné à appeler des hommes de l'art pour constater les conséquences possibles de la construction du pont, que l'on supposait avoir été élevé en contravention de l'édit de 1607 ;

» Que le tribunal d'appel a pu, dans cet état de choses, en appréciant les faits constatés par l'expertise qu'il a ordonnée, sans violer aucune loi, déclarer que la construction du pont litigieux ne causait actuellement, et ne pouvait causer dans l'avenir aucun dommage dans la voie publique ;

» Que, dès lors, et lorsqu'aucune ordonnance de police locale ne rappelait l'exécution de l'édit de 1607, il est inutile d'examiner si les dispositions de cet édit étaient ou non exécutoires en Artois, pour défaut de promulgation suffisante. — Rejette.

(Arrêt du 10 mai 1834, chambres réunies. Journal des audiences, p. 269.)

Les jugements rendus par un tribunal de police en matière de voirie, doivent, à peine de nullité, prononcer, outre l'amende, et à titre de réparation du dommage, la démolition des constructions exécutées au mépris des réglements.

La Cour : « Attendu qu'en matière de voirie, le dommage est évidemment dans l'existence des constructions ou travaux exécutés au mépris des règlements; que la réparation de ce dommage est la conséquence nécessaire de la reconnaissance et de la répression de la contravention ; que cette réparation ne peut être que la démolition des constructions ou travaux dont il s'agit ; que, s'il en était autrement, si, moyennant une amende de un à cinq francs prononcée par la loi, on laissait subsister les travaux faits en contravention, et qu'on conservât ainsi à leurs auteurs le fruit d'une violation coupable des règlements destinés à maintenir la sûreté et la salubrité des voies publiques, et à amener progressivement, et à l'aide du temps, la décoration des cités, les règlements de voirie, ainsi que les lois qui les protègent de toute leur autorité, seraient aussi impuissants que dérisoires.

» Par ces motifs, casse et annulle. »

(Arrêt du 8 janvier 1830, chambre criminelle. Sirey, 1831, p. 326.)

Les tribunaux de police qui reconnaissent qu'un individu a contrevenu à des réglements municipaux, (par exemple en faisant des réparations à une façade de maison sans une autorisation préalable, lorsqu'il existe des réglements qui exigent cette autorisation, ne peuvent, à peine de nullité, condamner seulement le contrevenant à l'amende, et ne pas ordoner la démolition des réparations faites en contravention, alors que le ministére public le requiert, encore bien que les constructions faites ne seraient pas confortatives.

La Cour : « Vu l'art. 3, n° 1er, titre XI de la loi du 16-24 août 1790, l'art. 46, titre 1er de celle du 12-22 juillet 1791, les articles 1 et 2 de l'ordonnance de police, rendue par le maire de la ville de Toulouse, le 30 mars 1817, ensemble l'art. 161, Code d'instruct. crim. ;

» Attendu que le devoir des tribunaux de simple police n'est pas moins, d'après cette dernière disposition, de faire disparaître les contraventions aux règlements légaux de police que d'en punir les auteurs, et qu'un jugement qui prononce une amende, à raison d'un fait qu'il laisse subsister, présente la contradiction de maintenir la contravention par lui réprimée ; et attendu, en fait, que le jugement attaqué a condamné Lacomme à cinq francs d'amende , pour avoir, sans autorisation préalable de l'autorité municipale , fait opérer des réparations à la façade de sa maison ;

» Et qu'en le relaxant en même temps de la demande de démolition de ses ouvrages , formée expressément par le ministère public, sous le prétexte qu'il n'est pas suffisamment établi que ces constructions soient confortatives de ladite maison , ce jugement a violé le susdit article 161 Code instruct. crim.

» En conséquence, casse, »

(Arrêt du 17 novembre 1831 , chambre crimin. Journal des audiences , p. 384.)

Arrêt Kœchlin Dolfus.— La Cour : « Attendu , en droit, que les arrêtés des maires , en matière de voirie, tant qu'ils n'ont pas été réformés par l'autorité supérieure , doivent recevoir leur exécution ;

» Que le tribunal de police doit , en prononçant la peine contre ceux qui sont convaincus de contravention à ses arrêtés , statuer, par le même jugement , sur la demande en restitution et en dommages-intérêts ;

» Que la destruction des travaux exécutés en contravention aux lois et règlements sur la voirie, et aux arrêtés de police municipale , quand elle est requise, est la conséquence nécessaire de la contravention.

» Que c'est à l'autorité administrative qu'il appartient exclusivement d'apprécier si les travaux qu'on entreprend ou désire entreprendre à des bâtiments sujets à reculement , sont ou non susceptibles de prolonger, au préjudice de l'intérêt public, la durée de ces bâtiments.

» Qu'ainsi les tribunaux sont incompétents sur ce point ;

et doivent, après avoir constaté l'existence d'un nouvel œuvre, se borner à ordonner, par application de l'article 161 du Code d'instruction criminelle, la démolition qui est requise des travaux exécutés en contravention.

» Attendu, en fait, que le bâtiment dont il s'agit touche au chemin qui longe la rivière dite *Sinne*, et est sujet à reculement, ce qui n'est pas contesté ;

» Que, dès lors, il ne pouvait être rien changé à l'état extérieur ou intérieur de la façade de ce bâtiment sans l'autorisation préalable de l'autorité municipale ;

» Que néanmoins le sieur Kœchlin Dolfus, encore bien que, de son aveu, cette autorisation lui ait été refusée, s'est permis d'y pratiquer six ouvertures, et de placer au milieu de chacune d'elles une barre de fer.

» Enfin, qu'il a été conclu à la démolition de ces ouvertures, en même temps qu'à l'amende encourue pour la contravention.

» Qu'il résulte de tout ce qui précède qu'en se bornant à prononcer contre ledit Kœchlin une amende d'un franc, par application de l'article 471, n° 5, du Code pénal, et en refusant d'ordonner, par application de l'article 161 du Code d'instruction criminelle, la démolition requise desdites ouvertures, sous prétexte qu'elles n'étaient pas des travaux confortatifs préjudiciables au droit de voirie, le tribunal de police du canton d'Altkirch a violé ledit article 161 et les règles de compétence.

» Par ces motifs, la cour, chambres réunies, casse et annulle. »

(25 juin 1835, chambres réunies ; extrait sur minute.)

Conseil d'État.

Constructions faites sans avoir pris d'alignement. (Arrêt *Fumerey*, voyez ci-dessous, Mémoire de l'affaire Kœchlin Dolfus, p. 18.)

« Considérant que l'exhaussement de la maison habitée par le sieur *Lecoq* a été fait sans autorisation, et que le conseil de préfecture, en réprimant cette contravention, a fait une juste application des règlements de la matière ;

» Considérant, néanmoins, qu'il résulte de l'instruction de l'affaire que le sieur Lecoq a agi de bonne foi ; qu'aucune défense ne lui a été signifiée pendant l'exécution des travaux ; que l'exhaussement dont il s'agit est peu considérable, et ne peut, dans aucun cas, contribuer à consolider la maison ;

» Considérant que, lorsque la ville de Paris croira devoir acquérir cette maison, l'exhaussement ne pourra être cause d'une augmentation de valeur, puisqu'il y aura lieu d'appliquer les dispositions du second paragraphe de l'article 1er de l'ordonnance royale du 1er mai 1822.

» Art. 1er. L'arrêté du conseil de préfecture du département de la Seine du 14 février 1824, est confirmé.

» Art. 2. Il sera sursis à la démolition de l'exhaussement de la maison du sieur Lecoq jusqu'à l'application de l'ordonnance royale du 1er mai 1822. »

(Ordonnance du 17 août 1825. Recueil des arrêts du conseil, vol. 7, p. 517.)

« Considérant que, sur la demande de la dame *Antheaume*, le préfet de Seine-et-Marne a fait constater que les travaux entrepris par la ville de Meaux ne sont pas confortatifs de la façade de la maison acquise pour y former l'établissement de l'hôtel de la sous-préfecture, et qu'il s'est borné à autoriser le maire à continuer lesdits travaux, en exécution des projets antérieurement approuvés ;

» Considérant que l'arrêté pris, à ce sujet par le préfet le 17 août 1835, a été justement approuvé par notre ministre de l'intérieur.

» Art. 1er La requête de la dame *Antheaume* est rejetée.

(Ordonnance du 10 août 1828. Recueil des arrêts du conseil, vol. 10, p. 632.)

Voir les ordonnances *Bertrand*, 5 décembre 1834. Recueil des arrêts, vol. 16, p. 804 ; *Berthaud*, 3 février 1835, p. 82 ; et *Lafite*; rapportés plus haut.

FIN

DES
ALIGNEMENTS ET PERMISSIONS
DE
VOIRIE URBAINE,
ET
DES RÉFÉRÉS LÉGISLATIFS
EN CETTE MATIÈRE.

Dans ces dernières années, d'assez nombreuses et de graves dissidences ont éclaté entre les tribunaux de simple police et la cour de cassation sur quelques points de droit concernant la voirie. — Ces difficultés ont donné lieu à plusieurs arrêts rendus par les chambres réunies ; ce qui ouvre un recours à la législature pour l'interprétation des règlements de la voirie urbaine.

Cette lutte des tribunaux inférieurs contre la jurisprudence de la cour suprême, ne révèle-t-elle pas un besoin senti de modérer les prétentions souvent peu raisonnées et fort despotiques des maires ? A l'occasion de ces débats fréquents entre la police locale et les tribunaux de paix, nous éleverons ici la voix dans l'intérêt de la propriété.

Nous demanderons pour elle au gouvernement, non-seulement des lois interprétatives, mais encore des dispositions nouvelles, qui, en lui offrant des garanties, mettent les règlements de la voirie urbaine en harmonie avec les principes de la Charte, du code, et de la loi concernant l'expropriation pour cause d'utilité publique.

Nous développerons au surplus, au profit des hommes d'étude, quelques principes de compétence qui ont échappé trop souvent à ceux qui ont à discuter les affaires de cette nature, et dont la connaissance est surtout essentielle aux juges de paix et aux maires, pour qu'ils puissent maintenir et défendre leurs attributions respectives.

Cet écrit se divisera en trois chapitres.

Dans le premier, on traitera des référés législatifs en général, et particulièrement de ceux qui sont ouverts en matière de petite voirie, par plusieurs arrêts des chambres réunies de la cour de cassation.

Dans le deuxième, on approfondira la matière des alignements et permissions, pour savoir dans quel cas les tribunaux de police doivent, indépendamment de l'amende, condamner celui qui est en contravention à démolir ses ouvrages.

Dans le troisième et dernier, nous indiquerons les dispositions législatives qu'il nous semble urgent d'adopter, afin de mettre la législation de la voirie en harmonie avec les garanties dont la propriété jouit déjà dans le cas d'expropriation pour cause d'utilité publique.

CHAPITRE PREMIER.

Des référés législatifs, et particulièrement de ceux ouverts en matière de voirie urbaine.

Dans l'ordre des intérêts sociaux et du maintien des principes de la loi, le référé législatif s'offre comme une voie de réformation pleine d'encouragement pour les convictions qui se poseront devant le législateur, et de nécessité pour le pouvoir, lorsqu'elles l'éclairent sur les lacunes de nos lois.

Dans ce haut point de vue, rappelons d'abord ce que c'est que le référé législatif.

Le pouvoir judiciaire a pour mission d'appliquer la loi à des espèces privées, et, pour cela, il délimite l'intérêt de chacun dans ses rapports avec les droits d'autrui et avec la chose publique.

Mais quelque éclairés que puissent être les juges, leur œuvre participera toujours du caractère de faiblesse, qui est le propre de l'humanité ; l'erreur se glissera donc quelquefois dans leurs décisions. Aussi la législation a donné de tout temps à la vérité le moyen de se faire entendre une seconde fois, et c'est un principe de notre droit public, que la voie d'appel est de droit dans les matières que la loi n'a pas soumise à un seul degré de juridiction.

Cependant aussi, dans la savante combinaison de notre ordre social, le législateur a mis en balance l'intérêt privé et le bien public ; quant aux contestations dont l'objet est minime, le grand intérêt de la paix publique veut que les contestations aient une plus prompte issue ; la société, même dans les offenses dont elle poursuit la réparation, en matière de simple police, par exemple, et les particuliers, dans les affaires civiles au-dessous d'un certain taux d'argent, doivent se contenter d'un seul degré de juridiction, même de la part d'un juge inférieur, et qui peut le moins prétendre à l'infaillibilité.

Aux yeux de la loi, tout jugement définitif satisfait, dans l'ordre des intérêts privés, au besoin de la justice ouverte à tous; il est présumé l'expression de la vérité même, et les citoyens lui doivent la même obéissance qu'aux lois; comme l'autorité de la chose jugée est absolue, la puissance des magistrats est aussi redoutable à chacun qu'elle est vaste. Toutes les actions du citoyen sont, en quelque sorte, de son domaine; car il n'en est aucune qu'on ne doive considérer comme légitime ou illégitime, selon qu'elle est conforme ou non à la loi. Or, les magistrats étant arbitres de cette conformité, en tant que juges souverains, ils seraient aussi puissants que la loi elle-même, si l'usage qu'ils feront de cette autorité n'était soumis à aucun contrôle. Mais, au contraire, le législateur s'est montré sagement jaloux de l'autorité qu'il confie aux juges, et a songé à leur enlever les moyens d'en abuser.

Il appartenait de plein droit au gouvernement de surveiller le pouvoir judiciaire pour l'empêcher de sortir de ses limites.

En effet, toute violation de la loi est un préjudice causé à la société dans celui de ses membres qui en souffre.

Si le juge s'est mis au-dessus de la loi par un évident oubli de ses dispositions, il en résulte un empiétement du pouvoir judiciaire sur le pouvoir législatif.

Enfin, de l'exemple réitéré de semblables interprétations, il résulterait une jurisprudence qui tendrait à énerver la constitution elle-même par le renversement des garanties que la loi donne aux citoyens.

Mais si, relativement à l'appréciation des faits et circonstances, le législateur a voulu qu'un seul jugement suffît dans des affaires peu importantes, lors même que les conséquences accessoires seraient fort graves, il a pourvu, au contraire, au grand intérêt du maintien des lois, et a soumis les jugements définitifs et les arrêts souverains à des moyens de réformation qui méritent d'être médités.

Dans l'ancienne constitution de la France, c'est-à-dire dans les formes du pouvoir absolu, le chef de l'état lui-même, en son conseil, exerçait une action illimitée sur les corps judiciaires, soit par l'arme des évocations, soit en cassant à son gré les arrêts souverains dans le secret de son conseil, et sur un avis dont les motifs n'étaient même pas rédigés par écrit, et ne paraissaient point au grand jour.

Dans l'organisation nouvelle des pouvoirs, le droit de censurer les jugements et arrêts a été délégué par la puissance législative à un tribunal spécial, extraordinaire, prononçant en audience publique, après avoir entendu des plaidoiries, et dont les arrêts sont motivés comme ceux des tribunaux proprement dits.

Les caractères principaux de cette institution sont les suivants :

1° Il existe une cour de cassation, elle est unique pour tout le royaume. (*Décret primitif concernant le tribunal de cassation*, 12 août 1790.)

2° Elle est établie près du gouvernement et du corps législatif. (*Ibid*, et art. 19 de la constitution de l'année 1791.)

3° Elle doit un compte annuel de ses arrêts au gouvernement, qui participe à l'initiative des lois. (Art. 22 de la const. de 1791; tit. V; art. 257 de la const. de l'an 3; art. 86 de la loi du 23 ventôse an 8 ; arrêté du 5 ventôse an 10.)

4° Ses attributions sont d'empêcher la violation des lois et d'en faire observer les formes.

5° Après deux cassations, la cour ne peut plus être saisie, et ne doit prononcer qu'en appliquant la loi interprétative, qui sera sortie du référé législatif. (Art. 21 de la const. de 1791, tit. V ; art. 256 de la const. de l'an 3.)

6° Elle ne peut jamais connaître du fond des procès. (Art. 255, *Ibid.*)

Ainsi, tandis que pour l'appréciation des faits en eux-mêmes, le cours de la justice est limité à deux degrés de juridiction, et qu'il se réduit même, dans un grand nombre de cas, à un premier et dernier ressort, le grand intérêt de l'exacte application de la loi ouvre la voie exceptionnelle d'un recours qui peut être réitéré devant la cour de cassation ; mais de plus, après une seconde cassation, la dissidence qui s'est manifestée entre les cours et tribunaux et la cour suprême sur le sens et l'application de la loi, nécessite un référé à la législature pour faire cesser les incertitudes du droit, et prévenir toute interprétation qui le renverserait bien loin de le faire observer.

Dans les caractères que nous venons d'assigner à la cour de cassation, qui ne reconnaîtra en elle un pouvoir distinct de celui des tribunaux proprement dits ; pouvoir politique de sa nature, mais qui a passé des mains de la puissance exécutive dans un tribunal indépendant de toute influence ?

Sans contredit, cette institution neuve et grande forme le complément de l'ordre judiciaire ; mais l'action qui lui est confiée est supérieure à celle des tribunaux, et d'un autre tempérament ; elle se rapproche de l'action du pouvoir exécutif, dont la mission essentielle est de faire exécuter la loi ; elle participe de celle que remplit le corps législatif lui-même, lorsqu'il rend un décret déclaratoire, c'est-à-dire qui explique la loi existante, qui constate son véritable sens ; décret qui embrasse les faits passés sans recevoir un effet rétroactif et injuste.

En un mot, la cour de cassation est un pouvoir mixte, intermédiaire entre la législature et les cours et tribunaux ; dès lors supérieur à ceux-ci, quoique leurs arrêts soient souverains, et que la cour de cassation ne soit pas à leur égard un troisième degré de juridiction pour le fond même des procès.

Elle leur est supérieure, elle est unique. Elle mérite donc le beau titre de *cour suprême*, que lui contesterait vainement l'orgueilleuse rivalité de quelques magistrats. Mais dans l'ordre politique, auquel elle appartient plus qu'à l'ordre judiciaire, elle est soumise encore au pouvoir de qui seul émane l'interprétation des lois.

Ainsi, dans la voie de réformation des doctrines consacrées par les cours et tribunaux, il y a réellement trois degrés qu'il est possible de parcourir, sinon pour les parties, au moins dans l'intérêt de la société, savoir :

1° Un premier recours en cassation ;

2° Un second recours, qui nécessite la réunion solennelle de toutes les chambres ;

3° Si la cour entière persiste dans sa première jurisprudence, il en sort nécessairement le référé législatif, ou un recours à l'autorité législative elle-même.

A ce degré de solennité le plus élevé, dans cette dernière épreuve à laquelle la société ne peut demeurer indifférente, qu'elle-même doit éclairer de toutes ses lumières, dont aussi le résultat devra être accueilli avec respect, puisque ce sera la loi elle-même, un conflit existe entre les tribunaux inférieurs et la cour régulatrice ; il s'agit de savoir si les premiers se seront à tort mis en état de résistance contre l'autorité de cette cour, ou bien s'ils auront suivi une inspiration généreuse en face de préoccupations dont l'expérience la plus consommée et les conceptions les plus sûres ne sont pas toujours exemptes.

Dans le vœu formel des constitutions de 1791, de l'an 3 et de l'an 8, la cour régulatrice est chargée d'appeler l'attention du législateur sur les besoins de la législation, sur les abus à corriger, sur les améliorations à introduire ;

les premiers organes de la loi doivent tenir les auteurs de
la loi au courant de la manière dont les lois s'interprètent
et s'appliquent, sur les points qui ont fait naître des doutes.

La sollicitude du gouvernement doit venir d'ailleurs au
devant du besoin des interprétations législatives, puisqu'il
en est averti par les arrêts d'audiences solennelles de la cour
de cassation, et qu'au desir de la loi la même question
n'y doit plus être agitée, « sans avoir été soumise au corps
» législatif, qui portera un décret déclaratoire, auquel le
» tribunal de cassation sera tenu de se conformer. » (Art.
21 du titre V de la constitution de 1791).

Si dans l'ordre constitutionnel, et conformément à la
Charte de 1830, l'initiative de la loi se partage entre le roi
et les chambres, l'usage de l'initiative est un devoir et une
nécessité pour le gouvernement, sur toute question qui a
donné lieu au référé législatif. Pour les matières civiles
criminelles et de police, le soin de procurer à la loi le
caractère de certitude qui lui manque est confié à la Chancellerie, ministère antique et révéré, cette perpétuelle *officine des lois*, ce laboratoire de hautes pensées, où sont
sans cesse en fusion les lois obscures, discordantes,
celles dont le pays a besoin ; hôtel et asile où le bon droit
trouve un abri, et est sûr de triompher de l'erreur ou du
mensonge, quelque puissants que soient les corps ou les
autorités dont la religion aura été surprise (1).

(1) *Budæi annotationes in Pandectas*, in-fol., 1557, p. 107.

Le jurisconsulte Budée est du petit nombre de ceux qui ont fait des excur-
sions dans l'histoire de France. Il a recherché les origines des parlements, du
conseil d'état, de la chancellerie, de la Cour des comptes, etc. Il ne sera pas
hors de propos d'offrir ici quelques traits du tableau de la chancellerie de
France sous l'ancienne monarchie. Ce ministère, devenu de nos jours le gardien de la constitution et de la liberté publique, a plus d'importance que jamais. Cependant, il offrait jadis une barrière contre les abus d'une autorité
sans contre-poids, et il était déjà la sauve-garde de la liberté civile.

Il y a encore en France le chance-lier; la principale et la plus haute des attributions de ce ministre est de veil-	Cancellarius igitur in Franciâ : cujus id munus est, eæ primæ sunt partes, videre ut nulla principis constitutio;

Que la matière de la petite voirie ait une assez forte part dans l'arriéré de la dette du gouvernement envers la

ler à ce que les déclarations du roi, les ordonnances, lettres-patentes, rescrits ou lettres royaux ne contiennent rien de contraire à l'intérêt public, à la sûreté de l'état, à la dignité du trône; il lui appartient de dicter ou de corriger les actes qui émanent de l'autorité suprême, afin qu'ils portent l'empreinte de son style et de sa prudence.

Il est essentiellement le dépositaire et le gardien des lois, l'asile du droit, ainsi que l'on nommait Papinien, l'autel des anciennes mœurs et des plus saines traditions. En lui s'offre un refuge assuré pour les droits et l'équité méconnus : il en doit être ainsi. Mais surtout je cède au témoignage des temps passés et du siècle, en disant que, par le mérite traditionnel de nos chanceliers, ce ministre fut toujours, de fait comme de nom, le chef et la tête de la justice....

C'est bien la plus ancienne magistrature qui nous soit offerte par nos vieux monuments. J'ai découvert un diplôme donné en 1110 par Louis le Gros aux moines de Saint-Denis, signé d'un nommé Etienne, chancelier. J'en ai vu un autre beaucoup plus ancien, où on lisait : Vu et certifié par » Gauzelin, notaire, pour l'archevêque » et grand chancelier Roger, huitième » indiction, et l'an vingt-huitième du » règne de Charles, notre glorieux » prince. » Il paraît que c'était Charlemagne. En l'année 1157, un autre diplôme, que j'ai également trouvé, portant la signature d'Hugon, autre chancelier, contenait remise, par saint Louis à l'évêque d'Orléans, des droits de la régale, tant sur les biens mobiliers que sur les fonds de l'évêché....

Ce magistrat, le type et la règle de tous ceux qui rendent la justice, est considéré comme le principal conseil de la couronne, sous le point de vue de la légalité. Les plus importantes affaires de l'état dépendent de sa décision;

nulla sanctio, nullum diploma, nullum rescriptum, nulli codicilli regii, non é republicâ atque etiam é dignitate reipubl cæ principalique exeant : cujus censurâ aut stylo principum majestas acta sua eximi nunquam voluit.

Jure ac propriè (ut arbitror) nomophylax, id est legum præsidium, juris asylum (id quod de Papiniano quondam dictum est) morum institutorumque v terum ara, æqui bonique columen appellari potest, atque etiam esse debet. Id quod etiam credere me cogit consensus ferè hominum, institutumque quoddam quasi per manus traditum, caput eum ac verticem justitiæ appellantium.

Antiquissimum autem esse magistratum, ex vetustis monumentis apparet. Comperi anno M. centesimo undecimo, Stephanum quemdam cancellarium diplomati Regio subscripsisse, a Ludovico rege cognomento crasso monachis divi Dionysii indulto. Legi et multo antiquius diploma Caroli cujusdam, in quo verba hoc addita erant. « Gauselinus notarius vice Rogerii archiepiscopi » summique cancellarii recognovit, indictione octava anno vigesimo octavo » régnante Carolo rege glorioso. » Videtur autem fuisse Carolus III emagnus. Anno etiam M. centesimo quinquagesimo septimo, Hugonem alterum cancellarium subscripsisse comperi diplomati cuidam, quo Ludovicus qui pius cognomento dictitatus est, jus regaliorum antistiti Aureliensi remisit, quatenus ad supellectilem elegantiorem et instrumentum fundorum episcopalium attinet.

Proinde hunc, qui norma est omnium jura reddentium, qui in omni fermè parte constituendæ reipublicæ principis vicem implere aut certè obtinere creditur: cujus ore facundi reges moribus nostris esse solent : cujus ocu-

justice, sous le rapport des référés législatifs qui sont ouverts, rien n'est moins propre à étonner.

c'est par son organe que les rois se font entendre dans un langage approprié aux circonstances et aux temps. Nos rois sont censés tout voir par ses yeux, et embrasser continuellement la société d'un regard investigateur qui scrute surtout les abus, afin que rien de contraire au bon ordre ne semble être toléré. Son oreille doit être parfaitement libre et saine; c'est par elle que parviennent au trône les griefs de ceux qui réclament un dernier et bon jugement. Chef du conseil le plus secret, il remplit un vrai sacerdoce; ce magistrat, enfin, qu'on pourrait appeler l'économe et le distributeur de la clémence du prince et de ses grâces, a la pleine manutention de cette officine d'équité que nous nommons la chancellerie; qui reçoit et transmet sans cesse les ordres pour l'exécution et le maintien des lois et ordonnances. Dans un poste si relevé, dis-je, à tant de titres, il faut une vaste expérience et de la fermeté dans les vues. Pour maîtriser les opinions, il faut savoir manier la dialectique, penser en philosophe, parler en orateur consommé, déployer la science du jurisconsulte, il faut enfin un génie qui, comme celui de Porcius Caton, se plie à tout; qui soit vif, pénétrant, infatigable.

Il faut une connaissance approfondie de son siècle; telle est en effet pour l'homme d'état la principale étude et l'entretien le plus essentiel de son esprit. Il faut qu'il ait présents à la mémoire les leçons du passé, les monuments du droit public, les principes et la science du gouvernement, matériaux les plus à l'usage de l'homme d'état, et dont il est comptable à chaque heure du jour. Il faut enfin qu'il soit personnellement dans un tel degré de considération, que les plus grands magistrats n'aient point à rougir d'abaisser devant lui les faisceaux de leurs charges.

Les autres magistratures ne s'exercent que dans une certaine circonscription; à celle-ci se rattachent, sous certains rapports, toutes les parties du gou-

lis velut emissitiis circumspicere omnia ac perlustrare creduntur, ne quid usquam subsultet non suo loco positum : cujus auribus, ut dicitur, perpurgatis, plenam ac justam operam postulatoribus dare didicerunt; qui caput est sanctioris interiorisque consilii; hunc denique, qui, ut ita dicam, promuscondus clementiæ benignitatisque principalis factus est, id est qui illius æquitatis officinæ, quam cancellariam dicimus, liberam administrationem habet; qui morum legumque regimen perpetuum recepisse videtur. Hunc inquam tot nominibus eximium, multiplicis ac variæ prudentiæ fiduciâ subnixum esse necesse est. In hoc uno acumen dialecticorum, sententias philosophorum, verba oratorum, memoriam jurisconsultorum, ingenium Portianum pariter ad omnia versatile, acre, impigrum, indefessum esse oportet.

Hunc omnia quæ ætas ista capit, complecti et perdiscere convenit : quæ modo ad instituendum excolendumque politicum virum valeant. Huic omnis antiquitatis memoria, et publici juris autoritas, et regendæ reipublicæ ratio et scientia, tanquam muneris hujus materies quædam, subjecta esse debent, quasique in numerato condita. Hunc denique id autoritatis esse oportet, cui omnes magistratus honorum suorum fasces submittere non indignentur.

Cæterorum magistratuum imperium suis ac certis finibus circumscribitur : sub hujus jure imperioque omnes nostræ provinciæ sunt, ut olim omnes

Cette partie de la législation est en effet l'une des plus confuses, et qui exigerait le plus impérativement une refonte complète: L'assemblée constituante, dans sa prodigieuse fécondité en décrets d'organisation, n'eut pas le temps d'entrer dans les derniers détails pour la police des rues et des chemins; elle s'est bornée à prononcer le maintien *provisoire* des règlements existants en matière de voirie. Cependant, l'ordre administratif de France fut jeté dans un nouveau moule; nos institutions judiciaires ont subi des transformations successives pour arriver au système actuellement en jeu. Enfin, le Code pénal, partie la plus complétement neuve de notre législation régénérée, a établi une nouvelle graduation des peines et des amendes, dans laquelle la police de voirie trouve sa place; et l'application de ce code est dirigée aussi par de nouvelles règles de procédure criminelle.

Au milieu d'un renouvellement si profond et si complet des lois et des pouvoirs chargés de les faire exécuter, les anciens règlements de voirie sont demeurés *provisoirement* en vigueur, c'est-à-dire que ce *provisoire*, qui dure encore aujourd'hui, est dans une dissonnance complète avec l'ordre et l'harmonie qui caractérisent les institutions actuelles de la France.

La matière de la voirie est l'une de celles qui offrent le plus de points de contact journalier entre la propriété des citoyens et l'intérêt public; sur cette partie considérable des valeurs immobilières, consistant dans les établissements de commerce, manufactures, magasins, hôtels, maisons d'ha-

vernement, comme à Rome le consulat avait l'œil sur la ville et les provinces. En un mot l'hôtel du chancelier doit être comme un conseil central pour tout l'empire français, un sanctuaire d'où retentissent en tous lieux ses oracles, et, comme on l'a dit, un laboratoire des lois et de l'équité.

rant romanæ sub consule. Itaque domum ejus, totius imperii Gallici conciliabulum quoddam atque adeò oraculum esse par est, veluti quamdam juris æquitatisque, ut diximus, officinam.

bitations , granges et autres dépendances , édifices de toute
espèce, et murs sis au long et joignant la voie publique ,
l'autorité municipale exerce une action souvent inat-
tendue , et cependant fort désastreuse, lorsqu'elle exige ,
par exemple , que tout ou partie du sol, sur lequel existent ces constructions , soit réuni à la voie publique
pour agrandir et rectifier les places , rues et chemins
publics.

Si la loi est trop souvent muette dans une matière aussi
usuelle , ou si son application donne lieu à de graves conflits qui existent, non-seulement entre les pouvoirs lo-
caux , mais entre les juridictions de l'ordre le plus élevé
qui se contredisent dans leurs principes , alors la propriété
est évidemment privée de toutes les garanties légales.

Cet état de choses, existant pour la petite voirie, jette
assez d'inquiétude parmi les propriétaires, de semences de
discorde entre l'autorité locale et eux, d'entraves dans
la justice , pour nous autoriser à dire qu'aucune matière n'exige plus impérieusement la révision du législateur, et ne mérite plus d'appeler ses méditations, afin
que la propriété soit dotée à nouveau de quelques garanties indispensables.

L'œuvre si importante d'un nouveau code de la voirie doit être conçue dans des vues d'utilité publique;
elle mérite d'être mûrie par une préparation de plusieurs
années, et son accomplissement est susceptible d'éprou-
ver autant de retard que l'œuvre du *Code rural*, depuis
si longtemps promise, et toujours en projets; mais
l'intention qu'annoncerait le gouvernement de refondre
bientôt tous les anciens règlements en une seule loi,
et de les coordonner avec nos codes, ne saurait le
dispenser de faire préparer et de faire présenter aux
chambres les *lois interprétatives* dont le besoin lui a
été signalé par les arrêts des chambres réunies de la cour

suprême, ou, ce qui vaudrait mieux encore, de faire passer en lois quelques dispositions semblables à celles dont nous présenterons ici l'esquisse.

A la vérité, ces arrêts solennels peuvent se diviser en deux classes : il en est dans lesquels la cour est revenue à l'interprétation la plus favorable pour la propriété, les Cours et tribunaux ayant persisté à soutenir une doctrine satisfaisante et protectrice pour celle-ci ; dans ce cas, les doutes se sont dissipés; à la vérité, la nécessité de l'interprétation législative subsiste selon la loi ; mais du moins la propriété ne réclame plus contre le péril imminent de voir violer ses garanties, et énerver la constitution elle-même.

Mais sur les points où la lutte continue entre le pouvoir municipal et les tribunaux de police, et où la cour de cassation fait peser sur eux un joug qu'ils repoussent, il est opportun de rappeler, qu'aux termes formels des constitutions, la même question ne doit plus être agitée devant la cour suprême qu'après avoir été soumise au corps législatif ; enfin, avant qu'il existe un décret déclaratoire, auquel elle sera tenue de se conformer.

Certes, dans ce dernier cas, il y a la nécessité d'un devoir impérieux pour le gouvernement de faire préparer au moins une loi d'interprétation. Pour faire mûrir la pensée des garanties que la propriété réclame, nous signalerons ici l'importance des questions qui semblent appeler une solution législative, d'après les arrêts existants des chambres réunies de la cour de cassation; plus tard, on retrouvera ces arrêts eux-mêmes dans un tableau comparatif, présentant aussi les arrêts du conseil, rendus sur les mêmes questions, de manière à faire apprécier l'accord ou la divergence des doctrines de ces deux juridictions supérieures.

1er arrêt. Chambres réunies, à la date du 25 juillet 1829. — Question.

« La défense faite aux propriétaires de construire ou
» reconstruire, sans permission, les édifices donnant sur
» rue, s'applique-t-elle seulement aux murs de face bor-
» dant ou joignant la voie *publique actuelle*, ou embrasse-
» t-elle toutes les constructions qui existent ou qui peu-
» vent être élevées par le propriétaire dans son enclos,
» lorsque, d'après un plan nouvellement adopté, ce ter-
» rain doit être réuni à la voie publique? » (Sir. , 29 , 1 ,
p. 32.)

2ᵉ arrêt, du 10 mai 1834. *Langlois.* — Question.

« L'art. 52 de la loi du 16 septembre 1807, en prescri-
» vant qu'il serait fait des plans généraux d'alignement,
» délibérés en conseil d'état pour toutes les villes, a-t-il
» restreint le pouvoir des maires à délivrer des alignements
» partiels conformément à ces plans généraux, de telle
» sorte que les arrêtés des maires ne soient pas obligatoires
» en l'absence d'un plan d'alignement? » (Dalloz, 1834 ,
p. 263.)

3ᵉ Autre du même jour. *Bourdrel.* — Question.

« Lorsque la construction d'un pont, faite par un par-
» ticulier, n'offre aucune contravention aux lois et règle-
» ments en vigueur, ni à aucune ordonnance de police,
» et que le maire a enjoint au propriétaire de le faire dé-
» molir, le tribunal de police a-t-il droit, en appréciant
» les faits constatés par l'expertise qu'il a ordonnée, de
» déclarer que le pont litigieux ne causait actuellement et
» ne pouvait causer à l'avenir aucun dommage à la voie
» publique? »

4ᵉ arrêt, du 29 janvier 1836. *Bezins.* — Question.

« Lorsqu'un propriétaire a fait des constructions sans se
» conformer à l'alignement qui lui a été fixé par le maire

» et qu'il déclare être en voie de réformation contre cet
» arrêté, appartient-il au tribunal de police d'ordonner
» qu'il sera sursis à prononcer sur la demande en démoli-
» tion des travaux, jusqu'à ce qu'il ait été statué par l'au-
» torité supérieure sur le pourvoi dont elle est saisie ? »

5ᵉ arrêt, du 25 juin 1836. *Kœchlin Dolfus.* — Question.

« Lorsque certains travaux ont été faits à la façade d'une
» maison sans permission préalable, et qu'ils n'ont pas été
» défendus par un arrêté spécial du maire, portant refus de
» permission, le procès-verbal de simple contravention et
» la réquisition du ministère public, tendant à ce que la
» démolition de ces ouvrages soit prononcée, imposent-
» ils aux tribunaux de police la nécessité d'y condamner le
» contrevenant, encore que, d'après le procès-verbal même,
» les travaux ne soient pas confortatifs ? »

Cette dernière question avait déjà été jugée dans les
deux espèces *Langlois* et *Challine*, par les chambres
réunies, le 10 mai 1834.

Ainsi, voilà trois arrêts rendus avec le plus haut degré de
solennité sur l'une des questions les plus usuelles que puisse
offrir la matière de la voirie. Durant ce conflit des pouvoirs,
qui existe, non pas seulement du maire au juge de paix,
mais du conseil d'état à la cour de cassation, de l'administration à la justice, on sent tout ce qu'il y a d'angoisses
pour la propriété, de froissement et d'aigreur entre les citoyens et les magistrats, de tribulations pour tout le monde
dans ces incertitudes de la jurisprudence.

Les études que nous avons été appelés à faire sur la
dernière de ces questions nous ayant conduit, à développer
des principes aussi peu connus qu'ils sont importants,
nous croyons utile au public de les mettre ici dans un
nouveau jour, indépendamment du mémoire que nous

avons produit à la cour, et qui sera joint à cette dissertation.

Nous ne ferons d'ailleurs que remplir le devoir de tout
ami des lois désireux de les voir atteindre leur perfection, en préparant le sol sur lequel le Code de la voirie
poussera un jour de vigoureux rameaux et complétera
le bel ensemble d'une législation coordonnée et homogène.

Tel est du moins le but et la pensée de la discussion
qui va suivre.

CHAPITRE II.

*Examen des cas dans lesquels les tribunaux de police
doivent prescrire la démolition des travaux faits en
contravention aux règlemens de petite voirie, ou peuvent ne pas y condamner les propriétaires.*

Parmi les objets confiés à la vigilance et à l'autorité des
corps municipaux, sont, aux termes de la loi du 24 avril
1890, tit. XI, art. 3 :

« Tout ce qui intéresse la sûreté et la commodité du
» passage dans les rues, quais, places et voies publiques ;
» ce qui comprend le nettoiement, l'illumination, l'enlè-
» vement des décombres, la démolition ou la réparation
» des bâtiments menaçant ruine, l'interdiction de ne rien
» exposer aux fenêtres et autres parties des bâtiments, qui
» puisse nuire par la chute, etc. »

Par la loi du 22 juillet 1791, l'assemblée nationale a
confirmé provisoirement les règlements « concernant la
» voirie et ceux existants à l'égard de la construction des
» bâtiments, et relatifs à leur solidité et sûreté. »

Or, ces anciens règlemens se résument dans l'édit de
Henri IV, de 1607, en ce qui concerne les *alignemens*
et *permissions* à demander pour construire ou reconstruire des bâtiments le long de la voie publique. (Mémoire
qui suit cette *dissertation*, p. 12.)

ces travaux, faits sans permission préalable, et que la police pouvait vérifier plus facilement que ceux faits à l'intérieur, étaient reconnus être *confortatifs ;* cas dans lequel il y aurait eu procès-verbal de contravention, et condamnation à l'amende et à démolir la *besogne mal plantée.*

La jurisprudence que Perrot constate reste maintenue, il est vrai ; mais l'autorité administrative n'admet pas du moins que des travaux faits sans permission préalable doivent être démolis s'ils ne consolident pas les murs de face.

En résumé, l'esprit des règlements de la grande voirie a été de protéger les grands ouvrages d'utilité générale, en matière de communications publiques, sous la protection de règlements encore plus sévères que ceux de la voirie urbaine, soit par l'élévation et la fixité des amendes, soit pour l'étendue des *prohibitions*, soit enfin par l'étroite surveillance de la grande voirie et la célérité de la répression.

La comparaison des deux sphères différentes de règlements, la grande et la petite voirie, ne peut donc offrir que l'un de ces deux résultats : ou les termes en seront reconnus identiques, ou les lois concernant la grande voirie seront les plus sévères.

Ainsi, par exemple, si l'édit de 1607 dit que *besogne mal plantée sera abattue*, l'arrêt du conseil de 1765 ne dit-il pas : *à peine de démolition desdits ouvrages ?* Là donc identité parfaite ; quant à la quotité des amendes, il n'y a pas de comparaison à en faire.

Cela posé, pourra-t-on dire, les règlements à la main, que la législation de la grande voirie autorise l'autorité administrative à plus d'indulgence pour les contrevenants que ne peut en avoir l'autorité judiciaire? Non, certes.

Cependant, aujourd'hui un antagonisme frappant existe entre la doctrine du conseil d'état, en matière de grande voirie, et celle de la chambre criminelle de la cour de cassation, concernant les travaux non confortatifs.

2

Constatons d'abord les résultats de la jurisprudence administrative.

En 1818, un sieur Fumerey avait demandé au préfet la permission de réédifier une maison dont il était propriétaire, sur le cours de la route de Paris à Bâle ; ayant appris que d'après l'alignement fixé par les ingénieurs des ponts et chaussées, son bâtiment était en arrière de quelques mètres, il construisit sans attendre l'autorisation et bâtit de plus un mur de clôture sur l'alignement ; condamné *à démolir et à la confiscation des matériaux*, il se pourvut au conseil d'état.

Cette haute juridiction a réformé l'arrêté, spécialement sur ce dernier chef, par un arrêt motivé en ces termes :

Considérant que, pour satisfaire au procès-verbal de contravention, le préfet et le conseil de préfecture étaient autorisés à prononcer les peines qui avaient été encourues ; considérant que la façade reconstruite se trouvant en arrière de l'alignement, et le sieur Fumerey s'étant empressé d'élever un mur de clôture sur ce même alignement, IL N'EN RÉSULTE AUCUN PRÉJUDICE POUR LA VOIE PUBLIQUE, etc.

Art. premier. « Les arrêtés du préfet et du conseil de » préfecture sont annulés en ce qu'ils condamnent Fume- » rey *à la démolition de la maison et à la confiscation* » *des matériaux*. » (*Jurisprudence du conseil d'état.* — Sirey, tome III, p. 373.)

Depuis cet arrêté, le conseil d'état a maintenu ses principes, et il n'y a eu aucune variation dans sa jurisprudence. On peut consulter les ordonnances du 17 août 1825. — — *Lecoq.* — 10 août 1828. — *Antheaume.* — 26 octobre. — *Moyse-Lyon.* — 14 juillet 1831. — *Mayet.*

Dans une espèce encore plus récente, des travaux de maçonnerie faits à la façade d'une maison de Paris, sise sur la rue, ayant donné lieu à un procès-verbal de contravention, le conseil de préfecture de la Seine considéra que les *travaux étaient peu confortatifs*, et ayant égard à la bonne foi du propriétaire qui déclarait que son intention était de demander la permission de faire les travaux confortatifs, il déclara qu'il n'y avait pas lieu de prononcer la démolition.

M. le ministre de l'intérieur s'est pourvu au conseil d'état, en soutenant que le conseil de préfecture avait commis un excès de pouvoir en admettant une discussion de faits qui tendaient à éluder l'application de la loi par des considérations tirées des circonstances de la contravention. Ce système de rigueur a heureusement échoué. Il a été jugé que le conseil de préfecture n'était pas sorti des bornes de sa compétence, en se refusant à ordonner une démolition qui n'était pas nécessaire. (Ord. 8 juin 1832, *ministre de l'intérieur* C. *Lebreton*.)

Enfin, tout dernièrement, le conseil a annulé un arrêté du conseil de préfecture du département de la Seine, dans celle de ses dispositions qui ordonnait la démolition de travaux reconnus n'être pas confortatifs. (Ord. 5 décembre 1834. *Bertrand.*) La même doctrine est consacrée par les ordonnances des 3 février et 25 mars 1835, concernant, la première, un sieur *Bertaud*, et la seconde un sieur *Laffitte.*

On pourrait citer un plus grand nombre d'arrêts du conseil rendus dans ce sens; mais les recueils n'en offriront pas un seul en sens contraire.

A cette grande autorité de la jurisprudence du conseil on objecte, il est vrai, qu'en matière de grande voirie les conseils de préfecture ont remplacé, au premier degré de juridiction, les anciens bureaux des finances ou les trésoriers de France, qui avaient les attributions les plus étendues sur cet objet; qu'ils ont le *contentieux de la grande voirie;* et que, dans le domaine de cette attribution, se trouvera le droit d'apprécier les faits qu'on leur soumet comme constituant des contraventions punissables, et qu'ils ont à cet égard plus de latitude que les tribunaux de

simple police ; qu'enfin, aussi, le conseil d'état prononce
en arbitre souverain sur les contestations qui lui sont dé-
férées par appel des conseils de préfecture.

Cependant, on doit se mettre en garde contre tout mal-
entendu au sujet du *contentieux de la grande voirie*. —
En quoi consiste-t-il ? N'est-ce pas essentiellement, *à dire
droit*, dans l'application à faire des règlements aux faits
résultant des procès-verbaux de contravention ?

En principe, les conseils de préfecture ne peuvent pas
plus que les tribunaux de police s'immiscer dans les actes
de l'administration proprement dite, tels que les alignements, par exemple ; les conseils de préfecture ne peuvent
ni les modifier par l'interprétation, ni moins encore les
suppléer. Il ne s'agit enfin pour ces conseils, de même que
pour le conseil d'état, que de les appliquer purement et
simplement, ainsi que font les tribunaux de simple police
eux-mêmes.

Dans l'espèce, par exemple, de l'arrêt Fumerey de 1818,
l'alignement sur lequel une façade devait être reconstruite
étant donné, le conseil d'état a bien pu prononcer que la
démolition en avait été ordonnée mal à propos, parce que
cette façade avait été reconstruite *en dedans de la ligne*.
Par cette décision, le conseil ne s'est nullement immiscé
dans une opération du ressort de l'administration, il n'a fait
que tirer la conséquence des faits avérés et ayant rapport à
la contravention dénoncée.

On doit reconnaître qu'il en a été de même relativement
à l'espèce de l'arrêt *Friedheim* (arrêt du 6 octobre 1826),
dans lequel les plans définitivement adoptés depuis la contravention laissaient en dehors du tracé de la route les travaux signalés comme en état de contravention.

Dans aucun de ces cas, la juridiction administrative n'a
usé d'aucune autorité divergente de celle qui appartient
aux tribunaux de simple police pour statuer sur les contraventions de voirie.

Voilà comment devant le conseil d'état il est permis de discuter si les ouvrages qui ont été faits sans permission , consolident, ou non, les édifices et murs. Pour apprécier ce point, le conseil statue , s'il y a lieu , par avant faire droit ; ainsi, dans l'espèce de l'ordonnance *Mayet* , du 14 juillet 1831 , deux maîtres des requêtes, nommés commissaires, ont procédé à l'examen des travaux signalés comme en contravention, et conformément à leur rapport, le conseil a jugé qu'ils n'étaient pas *confortatifs*.

En effet , les règles de l'art, consacrées par les instructions du ministère de l'intérieur, déterminent des signes infaillibles d'après lesquels on distingue facilement les travaux qui ne consolident pas et dont le maintien doit être ordonné , et ceux qui consolident et ne doivent pas être permis. L'application de ces règles positives n'est évidemment qu'un fait de *juridiction*, et non pas d'*administration proprement dite*.

Mais dans l'appréciation du fait de consolidation , il n'y a rien d'essentiellement réglementaire ; c'est pourquoi nous ne pouvons voir d'obstacles, en tant qu'il n'y a pas eu de décision de l'autorité locale, à ce que le tribunal de police se borne à infliger au contrevenant l'amende, sans ordonner la démolition, lorsqu'il n'apparaît pas de *préjudice réel*, ainsi que le porte le jugement dont l'appréciation appartient en ce moment aux chambres réunies. Mais il nous reste à examiner ce jugement en lui-même et dans ses rapports avec les principes de notre droit pénal actuel.

§ 3. *De la décision attaquée, de la jurisprudence de la chambre criminelle de la cour de cassation, et conclusion sur les moyens respectifs du pourvoi et de la défense.*

Voici d'abord en quels termes le tribunal de police d'Altkirch a motivé son jugement :

« Vu l'art. 1er de l'arrêté de M. le maire de Mulhouse,

du 10 décembre dernier, l'article 3, n° 1, tit. XI de la loi du 24 août 1790, et l'article 46, tit. 1 de celle du 22 juillet 1791, ensemble l'article 471, n° 5, du Code pénal, et l'article 161 du Code d'instruction criminelle ;

» Considérant, en fait, qu'au commencement de l'année 1835, le sieur Kœchlin Dolfus, propriétaire d'une filature sise à Mulhouse, et dont l'un des bâtiments qui sert de magasin longe le chemin qui conduit le long de la rivière dite *Sinne*, depuis la porte de Bâle jusqu'à celle du Miroir, lequel chemin est destiné à recevoir une plus grande largeur, a fait pratiquer dans le mur dudit bâtiment, contrairement à la défense qui lui en avait été faite par l'autorité municipale, à 3 mètres environ du sol, six percées de 17 centimètres de largeur sur 80 de hauteur, traversés chacun par une barre de fer ;

» Considérant, en droit, qu'aux termes de l'arrêté de police du maire de Mulhouse, du 10 décembre dernier, basé sur les lois des 24 août 1790 et 21 juillet 1791, tout habitant qui voudra faire exécuter des réparations extérieures aux maisons, clôtures et propriétés aboutissant sur des routes, rues, chemins, canaux et fossés publics, devra préalablement en avoir obtenu la permission, et, s'il y a lieu, l'alignement à ce nécessaire ; que cet arrêté s'exprime d'une manière générale et n'établit aucune distinction entre des travaux confortatifs et ceux qui ne le seraient pas ; qu'ainsi le sieur Kœchlin Dollfus, ayant fait pratiquer dans le mur de son bâtiment six ouvertures en formes meurtrières SANS AUTORISATION PRÉALABLE, a agi contrairement au susdit arrêté, et ce fait, de sa part, constitue une contravention dont la répression est prévue par l'article 471, n° 5 du Code pénal ;

» Considérant, sur le chef de demande ayant pour objet la suppression des ouvertures et la remise des lieux dans leur état primitif, que toute réparation suppose nécessairement un dommage, et que pour qu'il y ait lieu à répa-

ration, il faut justifier d'un dommage; que ce principe de
justice se trouve écrit non-seulement dans les anciens règlements de voirie, qui n'ordonnent la démolition que
lorsque la besogne était MAL PLANTÉE, et qu'il y avait préjudice par la voie publique; mais encore dans l'art. 161
du Code d'instruction criminelle, qui ne prescrit évidemment que la réparation du dommage réel;

» Qu'ainsi, dans l'espèce, rien ne justifiant que les travaux qu'a fait exécuter le sieur Kœchlin Dollfus soient
confortatifs, et par cela même préjudiciables au droit
de voirie, et qu'au contraire, toutes les circonstances de la
cause tendant à démontrer que les jours par lui ouverts
nuisent à la solidité de la façade de son bâtiment, l'on ne
peut voir, dans le simple défaut de permission pour les
mêmes travaux, qu'UNE SIMPLE INFRACTION À LA LOI, UN PRÉJU-
DICE MORAL, QUI EST SUFFISAMMENT ET COMPLÉTEMENT RÉPARÉ
PAR L'AMENDE, etc.»

Ce jugement offre quelque chose d'assez hardi, en ce
qu'il déduit toutes ses raisons pour ne pas ordonner la
démolition des travaux dénoncés, précisément des mêmes
dispositions de l'ancien et du nouveau droit, sur lesquelles
la chambre criminelle de la cour de cassation s'est constamment fondée pour consacrer une doctrine toute contraire.

Les auteurs du *Code des municipalités* ont recueilli la
substance des arrêts de la cour, et adoptent sans discussion un principe de compétence, que nous reconnaissons
être incontestable pour les alignements, mais qui souffre
plus de difficulté à l'égard des travaux non confortatifs.
Ils s'expriment en ces termes :

338. « Outre les peines qui viennent d'être indiquées, le
tribunal de police doit prononcer la réparation du dommage
causé par la contravention qui a été commise. Lorsqu'il
s'agit de dégradation, d'usurpation de la voie publique ou
d'infraction à un arrêté qui prescrit un alignement, la

seule réparation possible est le rétablissement des lieux dans l'état où ils doivent être , c'est-à-dire la destruction des ouvrages qui dégradent la rue ou entreprennent sur sa largeur. Le tribunal de police doit donc ordonner au contrevenant d'opérer cette destruction dans un délai déterminé , sinon autoriser l'autorité municipale à la faire opérer à ses frais.

« Plusieurs tribunaux de simple police avaient reculé devant cette application rigoureuse , mais juste, de la loi. La cour suprême, à laquelle ont été déférés leurs jugements, n'a jamais hésité à en prononcer la cassation.

« Attendu , dit un arrêt de cassation du 26 mars 1830 (Dalloz , an 183o , p. 185), que les tribunaux de simple police sont tenus, d'après l'art. 161 du Code d'instruction criminelle , non-seulement de prononcer les peines attachées par la loi aux contraventions dont ils sont saisis , mais encore de statuer par le même jugement sur la demande en restitution et dommages-intérêts ; qu'en cette matière la restitution et les dommages-intérêts ne sont que la destruction des travaux qui ont été faits au mépris des lois et règlements ; qu'infliger l'amende dont cette contravention est passible, sans prescrire en même temps la démolition qui peut seule la faire disparaître , c'est manquer à la disposition la plus essentielle de la loi pénale. »

« Attendu, dit un autre arrêt de la même cour, du 17 novembre 1831 (Dalloz , an 1831 , p. 384), que le devoir des tribunaux de simple police n'est pas moins de faire disparaître les contraventions aux règlements légaux que d'en punir les auteurs, et qu'un jugement qui prononce une amende à raison d'un fait qu'il laisse subsister présente la contradiction de maintenir la contravention par lui réprimée. »

« Cette jurisprudence constante est fondée sur un grand nombre d'autres arrêts de la cour de cassation et du conseil d'état, qu'il est inutile de rapporter.

Nous nous permettrons seulement de faire observer que les auteurs de ce traité spécial paraissent n'avoir pas observé que la cour de cassation et le conseil d'état sont dans la plus grande divergence de doctrine au sujet de la démolition des travaux *non confortatifs*.

Mais les motifs sur lesquels se fonde la jurisprudence de la cour, chambre criminelle, peuvent se réduire à trois seulement, et ils se tirent,

Ou des dispositions de l'édit de 1607 ;

Ou de celles du Code d'instruction criminelle, articles 161 et 162 ;

Ou de l'esprit du Code pénal lui-même sur la matière.

Il s'y joint deux autres objections fort considérables ; consistant, l'une à apprécier les pouvoirs respectifs de la juridiction administrative sur le contentieux de la grande voirie et des tribunaux de simple police en matière de voirie urbaine ; l'autre, fondée sur le principe politique de la séparation des pouvoirs administratif et judiciaire.

Nous allons maintenant passer en revue ces différents motifs dans une rapide analyse, pour arriver à une conclusion.

D'abord, on a dû reconnaître, en lisant les propres textes des anciens réglements, que toute leur énergie se dirigeait vers la suppression des atteintes matérielles portées à la voie publique, par des avances propres à l'encombrer, ou par des constructions faites sans prendre alignement.

De plus, l'esprit de la jurisprudence ancienne n'était pas d'une rigueur qui excédât le sens naturel des règlements d'alors ; les travaux qui ne consolidaient pas, n'étaient pas même considérés comme constituant une contravention jusqu'en 1782, époque à laquelle Perrot a constaté l'introduction de la jurisprudence, qui interdit de faire aucune espèce d'ouvrages sans permission préalable.

A cet égard, l'ordonnance de 1754 et l'édit du 17 février 1765, concernant les routes, ont posé des règles si positives dans leurs termes de prohibition, que les précédents règlements de voirie n'avaient jamais été aussi restrictifs.

Delà nous sommes autorisés à conclure qu'en se fondant sur ces termes : *besogne mal plantée sera abattue*, de l'édit de 1607, pour conclure que les ouvrages faits sans permission doivent être détruits préalablement dans tous les cas, on entre dans un cercle vicieux, plutôt qu'on ne résout la question à l'aide de ce texte ; mais que, dans l'esprit de la législation et de la jurisprudance d'avant 1780, ces mots : *besogne mal plantée*, ne s'entendaient que des entreprises réellement préjudiciables à la voie publique.

Si nous entrons dans la législation actuelle, les contraventions de voirie sont comprises dans le Code pénal et régies par le Code d'instruction criminelle, cela est vrai. Aussi est-il nécessaire de leur faire l'application des principes qui dominent notre droit criminel. Telle est la distinction entre le grief de violation de la loi et l'action en réparation du dommage ; l'une est le droit public et indépendante des conventions qui peuvent exister entre les parties ; par exemple personne n'a le pouvoir de faire remise au délinquant des peines qu'il aura encourues. L'autre est le droit privé, chacun peut renoncer à son droit quant aux dommages.

Mais il en est du *dommage matériel* causé à la chose publique comme de celui fait aux particuliers eux-mêmes ; ainsi, dans les règlements de police, on fait toujours la distinction de l'infraction aux règlements pour s'être permis de faire sans permission des choses pour lesquelles il faut être autorisé préalablement, de celle consistant à faire des choses nuisibles et que la loi prohibe en elles-mêmes.

Prenons, par exemple, la loi de la presse du 21 octobre 1814. Elle porte, art 11 : « Nul ne sera imprimeur, ni libraire, s'il n'est breveté par le roi et assermenté. »

Art. 17 : « Le défaut d'indication, de la part de l'imprimeur, de son nom et de sa demeure, sera puni d'une amende de 3,000 fr. L'indication d'un faux nom et d'une fausse demeure *sera puni d'une amende de 6,000 fr.*, sans préjudice de l'emprisonnement prononcé par le Code pénal. »

Art. 18 : « *Les exemplaires saisis pour simple contravention à la présente loi* SERONT RESTITUÉS APRÈS LE PAYEMENT DES AMENDES. »

Ni le législateur, ni les cours et tribunaux n'ont eu la pensée qu'en matière de police concernant l'imprimerie et la librairie, la réparation de l'infraction faite aux réglements en imprimant sans un brevet, ou sous un faux nom, dût entraîner la destruction des livres saisis chez des imprimeurs non brevetés ni assermentés. Telle serait cependant la conséquence que l'on pourrait tirer, relativement à toute espèce de délits et de contraventions, des art. 161 et 162 du Code d'instruction criminelle, conformément à l'argument que nous combattons en matière de voirie.

Mais ces articles se réfèrent aux articles 2 et 3 du même code sur *l'action civile* et *l'action publique*. Ils sont généraux et s'appliquent aux délits de voirie comme à toute autre matière pénale. D'où il suit que si les ouvrages faits sans une permission ne sortent pas des alignements prescrits et ne sont d'ailleurs ni en saillie sur la voie publique, ni confortatifs de façades et murs sujets à reculement, alors il n'y a point de dommage réel causé à la voirie, et dans ce cas, la condamnation qui sera prononcée contre le prévenu ne peut consister que dans l'amende et les dépens, sans qu'il y ait lieu de faire démolir des ouvrages qui ne causent aucun dommage au public.

Enfin, dans une espèce jugée par l'arrêt de cassation du 20 juillet 1835, M. le procureur du roi de Falaise étayait son pourvoi de ce raisonnement : « Si l'opinion du juge-
» ment était consacrée, qu'en résulterait-il? Que pour
» une simple amende de un à cinq francs *prononcée par*
» *la loi*, on laisserait exister des constructions faites en
» *contravention*. Mais alors les règlements de voirie, ainsi

» que les lois qui les autorisent seraient une véritable déri-
» sion ; il en résulterait l'anarchie la plus complète dans
» cette partie importante de l'administration. »

Ici les arguments de M. le procureur du roi reposent sur
une erreur évidente. D'abord, les travaux qui ne préjudicient pas au droit de voirie ne doivent jamais être démolis. Une telle rigueur serait aussi révoltante que gra-
tuite. L'administration supérieure ne le souffre pas, pourvu
que les citoyens ayent pu recourir à elle avant que la démolition ne soit effectuée.

Les amendes de voirie, si minimes qu'elles puissent être,
n'ont rien de dérisoire. Et même le dang r où l'on se
place d'être forcé de démolir les travaux qui auraient été
faits sans permission accroîtra toujours la rigueur de la pénalité. Mais ce ne doit être qu'une chance, et s'il n'y a pas
dommage, il n'y a pas de réparations à ordonner, selon
l'esprit des réglements mis en lumière par *Perrot*, dans
son Dictionnaire de voirie, au passage déjà cité.

Aussi l'arrêt en question n'a-t-il cassé le jugement qui
lui était déféré que parce que la maison dont il s'agissait
était sujette à reculement et que le récrépissement formant
la contravention, pouvait et devait nécessairement la consolider plus ou moins, et qu'il s'agissait, en un mot, de travaux confortatifs.

Cependant l'arrêt du 8 juin 1830, rendu sur cette espèce, offre un premier considérant ainsi conçu : « At-
» tendu qu'en matière de voirie le *dommage est évidem-*
» *ment dans l'existence des travaux exécutés au mépris*
» *des réglements...,* que la réparation ne peut être que
» la démolition des constructions ou travaux dont il sagit. »

Nous prenons la liberté de répondre à cet arrêt : qu'en
toute matière de police, il faut distinguer le dommage moral du dommage matériel, qu'ici, comme en   autre
matière, on ne doit pas faire de la *restitution* une   .alité,
et que les ouvrages qui ne préjudicient pas à la voie pu-

blique, ni même au droit qu'aura l'administration d'y réunir l'emplacement qu'ils occupent lorsque les anciennes constructions tomberont en ruine, ne doivent pas être détruits avant le temps sous un prétexte et par une condamnation mal fondée.

Comme toute la question est dans la différence à faire entre l'*amende* et les *dommages et restitutions*, confondre ces deux choses, c'est faire un cercle vicieux ; ce n'est pas dire droit selon le vœu de l'article 161 du Code de procédure criminelle.

Mais il est encore un autre ordre d'objections plus graves qu'aucun des motifs sur lesquels se fonde explicitement la jurisprudence adoptée par la chambre criminelle de la cour de cassation dans l'espèce des travaux *non confortatifs*. Nous en avons déjà posé les élémens.

Il n'y a plus ici qu'à récapituler et à conclure.

Est-il vrai qu'en matière de grande voirie, les conseils de préfecture ayent plus de latitude pour apprécier les faits relatifs aux contraventions que n'en ont les tribunaux de simple police en matière de voirie urbaine ? Nous disons que non, par le motif que, devant ces derniers tribunaux, les procès-verbaux admettent la preuve contraire ; qu'ainsi les conseils de préfecture jugent exactement comme les tribunaux de police, et appliquent les peines de la loi aux auteurs des contraventions constatées.

Est-il vrai que les conseils de préfecture et le conseil d'état puissent, s'il le jugent à propos, modifier les alignements, en statuant sur les contraventions ? Nous le nions encore formellement. Si les alignements sont par eux-mêmes une matière contentieuse dont le conseil d'état puisse connaître comme juridiction, ce sera parce que le pourvoi aura été dirigé contre une décision ministérielle ; mais s'il est saisi en vertu d'un procès-verbal, le conseil d'état lui-même considère *l'alignement donné* ou le *refus d'alignement* comme une base de la poursuite qui échappera à son examen en présence de la contravention constatée.

Peut-on, d'autre part, assimiler en toutes choses le droit qui appartient à l'administration de délivrer des alignements généraux ou partiels et de modifier même ceux existants, avec le pouvoir de délivrer des permissions lorsqu'il s'agit de travaux non confortatifs? dans les deux cas, il est vrai, la matière est réglementaire. Mais le premier dépend d'une autorité toute discrétionnaire; au lieu que, dans la seconde hypothèse, la décision est régie par les données de l'art telles que les dictera tout expert en bâtiments.

Dans ce second cas, si l'administration a répondu à la demande d'autorisation pour un refus formel, il y a là *un règlement* que les tribunaux de police doivent appliquer dans toutes ses conséquences.

A la vérité, pour le faire réformer, on ne pourra que recourir au grand pouvoir de la centralisation, recours qui entraine des lenteurs indéfinies pendant lesquelles l'exécution d'une condamnation rigoureuse et irritante pourra avoir été consommée.

S'il existe quelque aigreur entre l'autorité municipale et les réclamants, ce qui peut bien exister quelquefois, le maire usera du monstrueux pouvoir de faire démolir des ouvrages qui seront autorisés plus tard; il se gardera bien d'accorder un sursis, encore que l'équité le demande, lorsque l'exécution provisoire doit causer un préjudice irréparable. Cependant le maire sera rigoureusement dans son droit.

Ainsi, dans une espèce que les chambres réunies ont jugée à l'audience du 29 janvier dernier, M. le premier avocat général proposa de faire une distinction entre un règlement sans recours et définitif, et celui à l'égard duquel on est en *voie de réformation;* si, dans ce dernier cas, la démolition des ouvrages était ordonnée, il fallait, selon ce magistrat, provisoirement prononcer l'amende, et surseoir à ordonner la destruction, jusqu'à ce que le règlement fût maintenu ou anéanti.

« Si le règlement était annulé, a-t-il dit, et que les travaux fussent dans l'alignement fixé par l'autorité supérieure, on démolirait aujourd'hui, sans aucune utilité, une œuvre que demain le propriétaire pourrait reconstruire sur le même lieu, » résultat que M. l'avocat général a qualifié de *déplorable.*

Cette distinction n'a pas été admise par la cour, qui, conformément à la jurisprudence, a cassé le jugement attaqué, en ce qu'il n'a pas ordonné la destruction de l'œuvre élevée en contravention. (*Gazette des tribunaux*, 30 janvier 1836.)

On conçoit qu'en effet la cour ait pensé que c'était à l'autorité administrative elle-même qu'il fallait s'adresser pour obtenir un *sursis* à l'exécution du règlement municipal ; mais il est désirable, au moins, qu'à l'avenir, la jurisprudence signale cette voie de recours, afin que les maires ne puissent jamais oublier que leurs arrêts sont réformables, en cas d'erreur ou d'injustice, et que les citoyens ne se croient pas frappés par la condamnation du tribunal de police, sans qu'il y ait moyen d'obtenir une suspension et de faire réformer un arrêté aussi injuste que préjudiciable et hostile à la propriété.

Mais lorsqu'il n'est pas intervenu d'arrêté administratif, comme dans l'espèce actuelle, où le jugement attaqué constate, en fait, que les travaux, dont il s'agit, ont été faits simplement SANS AUTORISATION PRÉALABLE ; quel obstacle peut-il y avoir à ce que le tribunal de police apprécie, s'il y a dommage réel pour la voirie ?

Peut-on vouloir que le *procès-verbal*, que *la réquisition* aient l'effet du réglement d'administration qui n'a pas été délivré, nonobstant la demande de permission qui aurait été adressée au maire? Peut-on réparer cette sorte de déni de justice en donnant à la *poursuite* le caractère et les effets d'un réglement? Cela ne pourrait se concevoir.

Il faudra donc que le défendeur en cassation demande à l'autorité supérieure d'annuler soit le procès-verbal, soit la réquisition du ministère public?

On concevrait qu'on dût se plaindre d'un *arrêté du maire*, portant refus d'autoriser des travaux non confortatifs. Mais le déni de justice entravant des actes de propriété qui paraissaient légitimes, il était bien naturel que le pétitionnaire passât outre, à ses risques et périls.

S'il est cité devant le tribunal de police, sans qu'on puisse lui opposer aucune décision particulière antérieure au procès-verbal qui aura été dressé contre lui; sur quels éléments s'établit la poursuite? Ce n'est pas sur l'atteinte portée à une décision spéciale, au droit dans lequel l'administration aura déclaré sa volonté. Ce sera donc uniquement sur une atteinte à la loi générale, pour des faits qui ne seront pas encore tombés sous l'appréciation de l'autorité administrative, et dont le jugement n'aura, d'ailleurs, rien en soi d'essentiellement réglementaire.

Si le procès-verbal qui établit ces faits admet la preuve contraire, quel obstacle peut-il s'offrir à ce que les tribunaux de police en apprécient l'effet dans leur rapport avec la voie publique, c'est-à-dire dans leur caractère de *nocuité*, dans le *dommage réel ?*

Plusieurs arrêts de la chambre criminelle reposent sur cette déclaration de fait que des travaux détaillés dans le procès-verbal, étaient confortatifs de leur nature. Ici encore, les faits dénoncés tombaient de plein droit sous l'appréciation du tribunal de police, n'étant définis que par le procès-verbal, et non par un *arrêté de l'administration*. et l'étant en ce sens qu'il ne s'agissait nullement de travaux qui pussent consolider le mur en question.

Au contraire, dans l'une des causes jugées à l'audience solennelle du 10 mai 1834, conformément aux conclusions de M. le procureur général, il s'agissait de travaux confortatifs, l'arrêt portant : « qu'il résultait du procès-verbal » du 18 avril 1834, que Chalieu avait reconstruit entière- » ment la *jambe étrière* qui formait la mitoyenneté entre » la maison sujette à retranchement et la maison voisine, » et que les travaux par lui exécutés avaient pour effet » de *consolider* son mur de face donnant sur la rue des » Changes. »

Donc la cour a reconnu, dans ces arrêts, que la nature des faits devait exercer la plus grande influence sur la décision du tribunal de police, et que, dans le cas d'une *consolidation*, la réquisition du ministère public devait être accueillie ; mais la conséquence inverse doit être tirée des faits de l'espèce actuelle.

M. le procureur général a fait rejeter, dans la même audience solennelle, un autre pourvoi, et l'arrêt est motivé en ces termes : « Attendu que le tribunal d'appel a » pu, dans cet état de choses, *en appréciant les faits* con- » statés par l'expertise qu'il a ordonnée, déclarer que la » construction du pont litigieux ne causait actuellement » et ne pouvait cau·er à l'avenir aucun danger à la voie » publique. »

Il nous est permis d'espérer que les chambres assemblées décideront la cause actuelle dans le même sens, sans être arrêtées par un procès-verbal et une réquisition qui sont des actes de police répressive, mais non des arrêtés d'administration. Par cette jurisprudence, les citoyens se verront soustraits à la fâcheuse nécessité de recourir à l'autorité souveraine elle-même, pour arrêter des poursuites tracassières de l'administration locale qui les troubleraient dans les actes les plus légitimes de la propriété ; l'harmonie renaîtra entre la jurisprudence administrative et la jurisprudence des tribunaux , sans que ceux-ci soient par-là autorisés ni à empiéter sur les pouvoirs de l'autorité municipale en matière de voirie , ni à frapper de paralysie les arrêtés , la permission ou le refus d'autorisation existans , et au maintien desquels ils doivent , au contraire , prêter main-forte.

Enfin cette jurisprudence , réconciliant les citoyens avec l'autorité locale , satisfera à tous les vœux , et ne saurait toutefois porter atteinte à aucun principe , à aucun intérêt social.

C'est le résultat qu'attend avec confiance le sieur Kœchlin Dolfus devant la cour suprême , délibérant dans le plus haut degré de solennité.

Enfin, si la décision attendue était contraire à l'exposant, nous espérons qu'elle fera du moins connaître aux justiciables , dans l'intérêt de la sécurité publique , que lors même que les tribunaux de police seraient dans l'obligation d'ordonner la démolition d'ouvrages exécutés en contravention aux arrêtés municipaux , ce n'est là qu'un *provisoire* , et qu'un recours leur est ouvert à l'autorité supérieure pour le faire annuler s'il consacre quelque résultat injuste ou trop rigoureux ; que celle-ci n'autorise jamais la démolition d'ouvrages qui , ne consolidant pas les murs de face , ne porteraient aucun préjudice réel au droit de voirie ; et qu'en définitive , les jugements qui ordonnent la démolition ne font aucun obstacle à ce que l'autorité supérieure annulle les arrêtés qui auront fait la base des poursuites ; mais que ces jugements et ces arrêtés tomberont ensemble , par la réformation qui aura été obtenue de l'autorité supérieure.

C'est en effet dans ce sens qu'est fixée la jurisprudence de l'administration centrale et du conseil d'état , soit au comité de l'intérieur et dans les bureaux du ministère, soit en assemblée générale et au contentieux du conseil d'état.

COTELLE ,
Avocat à la Cour de cassation

PARIS. — IMPRIMERIE ET FONDERIE DE FAIN,
RUE RACINE, N° 4, PLACE DE L'ODÉON.

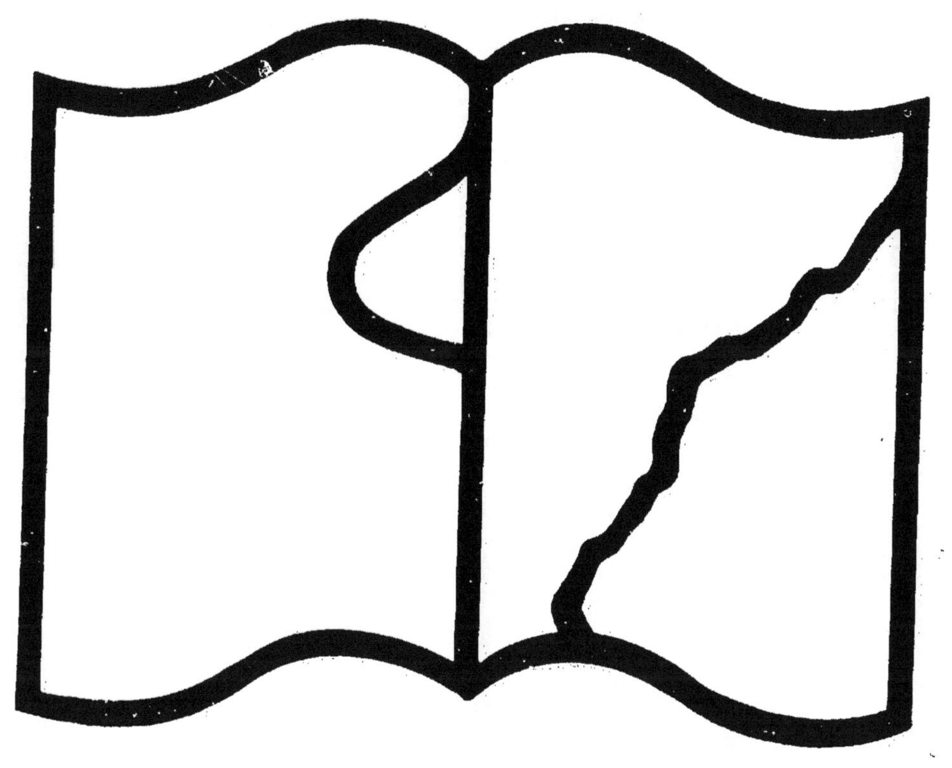

Texte détérioré — reliure défectueuse

NF Z 43-120-11

Contraste insuffisant

NF Z 43-120-14